古本乙女の日々是口実

カラサキ・アユミ

はじめに

何かモノを手に入れる場合、必ず存在する〝理由〟。漠然としていたとしても自分の意識の中に確実にある欲望を満たすための理由。場合によっては他人が理解し得ない、〝口実〟とも言える。この〝口実〟とは言いかえれば〝言い訳〟と捉えられるケースもある。例えば人から見れば価値が理解できないモノにお金を払う行為を、他者が納得できるようにプレゼンする。これほど難しいことはないと思う。相手に納得させれなかった時点でその理由は、目的を果たすための〝口実〟となるわけだ。

古本趣味における〝口実〟とはまさに個人の持ち得る哲学でもあり思考感覚を表現しているものだと私は感じる。

自分は婦人服の販売員だったという経験もある。そこで例えるなら服を買う際、「どんな風に見られたい」「寒いから」「暑いから」という風に様々な理由が飛び交う。人によって優先順位は異なり、それが個性を表すベクトルになったりもする。自分で選択してお金を払い身にまとう行為は、当たり前のように皆々が行っている。加えて、個人の自由な世界でもある。

と同時に流行やファッションアイコンの発信が選択肢に入り、オニギリ型で無個性な理由しか生まれないケースも非常に多い。また、「みんなと一緒じゃないと不安」「周囲の目が気になる」という本人の真意が何処に隠れているのか、もしくは存在しているのかが見当が付かない発言も昨今では多い。自己表現のツールとして服は立派に機能を果たしているが、服には視覚に直に訴えかけてくるという強さがある。目に映った時点でその人の印象の一部が作り上げられる。

ひるがえって本は衣服と同じで、買わなくても持っていなくても死ぬわけでもない。その上、本は衣服とは異なり他者の目にさらされるものではない。純粋に自分の為だけに意味を成す存在だ。また、望む人には両手を広げて迎え入れてくれるのも本の世界だ。どんな本を選ぶのも自由であり、それがまた自己表現に　がるがるパーツになると思う。

だからこそ、〝その一冊〟を選ぶ理由や口実こそが自分という人間の個性の一部にもなるのだ。

私は単純な人間なので何となくアカデミックな空気感を感じてしまう〝古書〟という呼称よりは、とっつきやすさと庶民感漂う〝古本〟という言い方の方が好きだ。

何かの本で古書と古本の表現の違いが懇切丁寧に記載されたのをパラリと見かけた記憶がある。しかしさすが適当人間、読み流しの達人である。内容の記憶は霞以上にぼやけているが、こんな塩梅でいいのだ。この適当な感覚だからこそ心の底から古本趣味を楽しめているのだと思う。あれもこれも理性的に捉えていては身動きができなくなってしまいそうなので、人から見れば誤っていたものだとしても、自分の感じ方を大切にするようにしている。仮に間違っていたとしても身を以て体感すればそこから学び、新たに知り得た知識を吸収すればいい。捉われない事が自分の可能性を広げてくれるのだ…古本の話からなぜか自己啓発路線に脱線しつつあるが、でも本当にホントなのだ。古本趣味がなければ今の自分には絶対なっていなかったと思う。

古本の世界は自由な空気が充満している。一冊に対しての価値観は人それぞれで好きも嫌いも無関心も全てひっくるめて自由な点が魅力的だ。自分の価値観、目線、感覚、嗜好、経験、知識…一冊の本を選ぶ瞬間に全てが研ぎ澄まされる感覚が快感だ。

私は本との出会いを求め、本を探し、本を見つける作業が大好きだ。同時にその愛は購入する本の冊数や自宅の蔵書数に比例してしまい、時折人からコレクターと呼ばれる事もある。ただ、私は自分自身に対してコレクターという呼び名が何だかしっくりこない。私以上に古本を愛し蒐集する人はごまんといるし、私のイメージではコレクターとは蒐集する物量だけでなく、対象に対して真面目に没頭する、真摯に向き合う、極めようとする蒐集スタイルの人間を示す。私はストイックにひとつの分野にベクトルが向いているマニアでもなくその道に精通した知識も持っていない上に研究熱心さも欠けている。常にユルい気持ちで古本に対面している、永遠のビギナー的なスタンスなのだ。

まだ見ぬ友に語りかけるような気持ちをこの本にぎゅうぎゅうに詰め込んでしまった。

ひとりひとりに色とりどりの古本道がある。楽しみ方もそれぞれ、向き合い方もさまざま。

私の古本道はと言うと、きっと寄り道や偶然の出会いで成されているのだろう。あらかじめ道があるわけでなく同時進行で歩む道が出来上がっていくような感じ。一番愛する古本以外にも夢中になる物事も沢山ある。例えばファッションも好きだし旅も好きだし新しい物も古い物も整然としたモノも混沌としたモノも大好きだ。自分の琴線に触れるモノは全て吸収してみたいと思うほど欲張りな人間だ。

世間一般の常識なんか関係ない、枠なんか決めずに自分の好きなように好きなだけ楽しむ、そのために頑張って働いて軍資金を作って好きな事に投資する。

私が私である為の古本道。どんな風にどこまで道が出来上がっていくのかが楽しみでならない!

カラサキ・アユミ

もくじ

そうだ… あの時のことも
描こうっと…
カキ
カキ

古本乙女となるまで

よく人に「いつ頃から古本蒐集を始めたのか?」と聞かれるが正直にいうとその境目自体が曖昧なまま今日に至っている。私と古本の出会いは遡れば小学生の頃からで、生活の中にごくごく普通に本がすぐそばにある環境だった。父は会社員、母は英語教師、二つ年上の兄という一般的な目線からするとごく平凡な家庭で育った。

新しい物に疎く執着がない両親に育てられた背景もあり、スーパーファミコン全盛期だった頃、ゲームのゲの字にも染まらぬまま幼少時代を過ごした。(その為大人になった今も未だに興味は希薄だ。)その代わり、本は漫画であれ活字であれ大いに読むべしと言われ続けた。ちなみに母が本屋さんで初めて私に買い与えた漫画は楳図かずおの『まことちゃん』。なぜか12巻だった。サイケデリックな色彩の表紙に心を奪われた。中身は当時小学2年生の私には未知の言語が飛び交う刺激的な世界だった。おかげで沢山の御下品なボキャブラリーも習得したのであった。それにしても母は我が子に一体何を狙ってチョイスしたのであろう…?

そんな母からは多大な影響を受けて成長した。母は少女がそのまま大人になったような女性で(精神面が)私がこれから年齢を重ねて行く上で目指す女性像でもある。小さい頃、祖母の家(母の実家)に遊びに行った際に私が靴を脱ぐやいなや向かったのは母が娘時代を過ごした六畳の部屋だった。部屋の壁沿いに設置されたガラス扉の書棚には整然と本の背表紙がズラリと並んでおり、その光景を眺めているだけでワクワクした。自分がしゃがんだ位置の棚には外国の家庭雑誌や婦人雑誌が横に積まれており、ページを開くと極彩色で賑やかな世界が広がっていた。「うわぁ」と興奮しながら魅入った感覚は20年以上経った今でも未だにはっきり覚えている。「お母さんの宝物だから大事に大事に読んでね」と私が夢中で眺めている傍で母が時折緊張感を交えて語りかけていた声色も耳に残っている。母が学生時代に海外から取り寄せていたその雑誌達は当時田舎の片隅で刺激を渇望する娘時代を送っていた母に沢山の夢を魅せてくれたそうだ。真っ白い歯を覗かせた笑顔の小麦肌のブロンド美女が背中が大胆に開いたドレスをまといカクテル片手にタキシードの男性と談笑している情景、見知らぬ異国の街の風景、肩を組み裸足で海辺を歩く美男美女、美味しそうなデコレーションケーキやクッキー、馬に跨った美少年、ため息が出るような美しいビーズ刺繍のドレスを身にまとう貴婦人、水面に散りばめられた色とりどりの花びら…、小学生だった自分にとって最高の〝絵本〟となった。

そして身長が伸びるたびに背伸びして覗いていた本棚の中段も次第に目にする事が出来るようになった。そこにはモンゴメリー、森茉莉や落合恵子に寺山修司ｅｔｃ、カラーブックスずらり、漫画では内田善美や田淵由美子、大矢ちきや大島弓子に陸奥A子や山岸凉子といった作家陣の素晴らしき混沌とした世界が並んでいた。

ある日、耽美なペンタッチで謳われる内田善美の漫画を読んでいた時に（絵が綺麗…と眺めている感覚で、詩的で哲学的なストーリーはモチロン子どもの自分には理解は全く出来ていない）ふとした瞬間に真ん中の中綴じが割れてしまい数ページがパラリパラリと下に落ちてしまった。初版で経年劣化に伴う仕方がない現象だった。とはいってもそれを知った時の母の怒号は飛び上がるほどに恐怖だった。昔の本は今の本屋さんに行っても売っていない、在庫がなければ手に入らない。でも古本屋さんに行けば見つかるかもしれない。

当時は現在のようなポンと検索してササッ

と結果が分かるようなネットツールも持ち合わせていなかった（ちなみに時は平成7年、便利な探索方法が仮にその時代にあったのかもだが悲しいかなアナログが性分の我が一族の血統）。だが、もともと当てもなく車でドライブするのが休日の過ごし方というアクティブな母（父はその道連れ兼アッシー）だったので、古本屋を見つけては落丁してしまった内田善美漫画の完本を探す作業に家族も自然と便乗する習慣となった。地道な探索が実を結び、郊外のマニアックな古本屋で無事に同書を一冊700円で入手するに至った。（パピルスという店名で、その店は今では廃業してしまっている。）見つけた時の興奮はすごかった。母もそれ以上の興奮だったようで、会計をしながら思わずレジの男性に話しかけていた。「コレ、やっと見つかったんですよ…長かった…フフフ」と千円札を渡す母。「あぁ…内田善美は珍しいスからね…はい、お釣り300円です…」とうつむきながら答えた男性。子ども心になんやこの兄ちゃん感じ悪いなぁと強く感じながら店内を後にしたが、冷静に考えれば、目の前に高揚した様子で漫画本を握りしめた母親そして脇にはニヤニヤ不敵な笑みを浮かべながらこちらを見上げるクマちゃん帽子の女児。店員さんからしたら「な、なんだこの親子は…」という情景だったに違いない。

お目当ての本をようやっと入手したその頃にはもう古本屋を巡るという行為が当たり前になっており、以降休日のたびに見知らぬ土地に家族で出掛けては古本屋を開拓するようになっていた。本に無関心な父と兄は母娘が漁書中は車中で不満を漏らしながら昼寝して留守番というのが毎度の流れだった。

週五日家族の為に働いてやっとの休みに毎度、我々の古本珍道中の足として駆り出されていた父は基本的に怒りも全てどこかに吸収して自然蒸発させてしまっているのではというくらい心優しい。そんな父との本の思い出で未だに色濃く残っているのが、私の8歳の誕生日のやり取りだった。開けてびっくり玉手箱風のサプライズ好きな母とは対象的に、堅実的現実的な父。誕生日の日は必ず本人のリクエストのもとプレゼントを用意してくれるスタイルだった。当日、仕事帰りの父から電話があった。受話器を取った私に第一声「誕生日、何が欲しいか言ってごらん?」と父。私は既にお目当てのモノを決めていた。台所から漂う湯気や美味しそうな香り、御馳走を作ってくれている母、兄はテレビを観て笑っている、温かな幸せに溢れている空間に包まれながら受話器を握りしめ私はすかさず答えた。「サスペリア…サスペリアが欲しい」「え!?」父が一瞬固まったのがわかった。同時に台所にいた母がこちらを振り向いた。父の「それは何?」という質問にかぶせるように「ポプラ(最寄のコンビニの名前)にある分厚い本。サスペリアっていう名前の本が読みたい。誕生日プレゼントはそれがいい」と答えた。「本当にそれでいいの?」「うん」私が力強く答えたと同時に母が受話器をかしてと歩み寄ってきた。父に電話越しに「いいからいいから、この子、ずっと気になってたみたいだから買ってきてあげて。そう。コンビニに売ってる。はい、よろしくね」と話す母を見上げながら心の中で静かにガッツポーズをした少女の私であった。

以前より母とコンビニに訪れる度に雑誌コーナーでひと際異様な空気を放つ気になっていた存在で、私が買ってとせがむと却下され続けていた本だった。毎号おどろおどろしい怖い顔でニヤリと不気味な笑みを浮かべる女性イラストの上に不安を煽るようなタイトルが並ぶ表紙で、さすがの母にも「やめなさい。そんな気持ち悪い本、読んじゃいけんよ」と言わしめたホラー漫画雑誌『サスペリア』。（日野日出志、犬木加奈子、御茶漬海苔はじめ著名な作家陣が執筆していたのだった）難攻不落の対象も誕生日ならば買ってもらえるであろうと虎視眈々と期待を膨らませていたのであった。

電話から間もなく、父が漫画本を入れたビニール袋を引っ提げて帰宅した。正座して玄関で待ち構えていた笑顔の私に「はい、誕生日おめでとう」と本を差し出してくれた時の父のなんとも言えない微妙な表情。未だに忘れられなくて時折笑いが込み上げてきてしまうほどだ。

リカちゃん人形やオモチャのアクセサリーやお菓子手作りキット、もっとなんでもあったろうに…まさか不気味なホラー漫画が娘のリクエストだったとは父も軽くショックだったに違いない。

大人になってから、古書店でサスペリアやホラーMをはじめ当時のホラー漫画雑誌が高値で売られているのを見かける度にフッと8歳の誕生日と父の顔を思い出す。と同時に面白さに開眼し以降両親を根負けさせる程にねだって買ってもらえるようになったこれらの漫画雑誌。貪るように読み込んだのちベランダに積み上げられ、日干し雨ざらし状態を経て月に一度の廃品回収でトラックに乗せられていった彼等の束を思い出しては「あぁ…取っておけばよかった…」と甘酸っぱい気持ちに包まれるのであった。

誕生日と言えば、祖母との思い出も色濃く私の古本人生に刻まれている。祖母は「本を読む」＝「賢くなる」というシンプルな認識の持ち主で誕生日は毎年決まって図書カードを贈ってくれた。両親が共働きというのもあり、学校の夏休みや冬休みに祖母の家に兄と二人預けられる事もしばしばあった。田舎の風景溢れる自然に囲まれた祖母の家は本を読むには最高の環境だった。

毎晩寝る前の絵本タイムが何より楽しみで布団に兄と私と一緒に祖母も寝転がって読み聞かせてくれた。中でもイソップ物語の『おしゃれなカラス』は挿絵も美しく私の大のお気に入りの童話で、暗唱出来るようになるくらい何度も何度も祖母に読んでもらったものだ。

買い出しの為に町に出掛ける日なんかはお祭り騒ぎで電車とバスを乗り継ぐ小一時間の道中がまるで大冒険のような心持ちであった。用事を済ませたのち最後に町の本屋さんに立ち寄るのが定番コースで、毎回兄に『ドラゴンボール』私に『セーラームーン』を一巻ずつ買い与えてくれた。これが最高に嬉しかった。

帰りの道中すぐさま読み始める兄とは対照的に読んでしまいたい気持ちに駆られるが袋を破いてしまうのが何だか惜しくて家に帰り着くまで袋を抱きしめていた私。本屋さんの屋号が印刷された薄い包み紙さえも愛おしく感じた。紙の匂いに対する強い愛着もこの頃に芽生えたように感じる。

振り返ると、本に慣れ親しんだ環境や幼少期から様々なキッカケを惜しみなく与えてくれた家族の存在が、私の今日までの強固な古本愛のベースを作ってくれたのだった。

ご飯冷めるよ。
あとでさ、洗濯物
ぐらいはたたんでよね
にゃー
病める時も…
健やかなる時も…
私の側には古本が
あった…
キュピーン

或る古本乙女の日常 NO.1

古本屋にて
きゅんっ
キャーッ
なにこの本こ!!
すっごい好き!!
会計後♥
あーっ
うれしい うれしいー。
早く我が家の本棚に入れてあげるからネ♡
チュチュ
ドンッ
おぅふっ
おネーサン!
呑んでいきませんかぁー?
はーて?
ギャハハハハハ
ウゼーーー
マジかよ
ドンッ
おぅふっ

NO.2

街は…コワイ…
早く…安全な場所へ…
DENSHA
ダダダダ…
フラフラ〜り
ガタン
ひと安心だ…
ガタン ゴトン
フ〜
ゴトン
△×○★✿
だからね
□▲※○〜
ドスン
うへへ
ビクッ
ピキーン
か、神様…どうして…
試練ばかりお与えに…
げへへへへへへ
ドキドキドキ

NO.3

電車は…コワイ…
早く…安全な家へ…!!
DENSHA
ワン ワン
フー…
家に着いたらもうこっちのもんだぜ…
ただいまーっ
ガチャッ
ほーい おかえりぃー
あのね、今日ね、古本屋ですごい面白い本見つけてね
そんでね
……
……へー
TV

NO.4

こんな本、なかなか見かけないし…
嬉しくってさ…
へー
あ、電子レンジにあるオカズ、チンして食べなー
TV
………
……うん
こうしてSNSに戦利品を投稿。気持ちを記入。
えーっと…
カチカチ
カチ
この本は自分にとって刺激的な一冊で…
孤独を愛する…
あー、今日もイイ本に出会えた…よ～
しあわせー
嬉しさ共感は共有したい古本道…

古本を探し見つけ読むことは至福の〝独り作業〟だが一冊の本との出会いの喜びを思わず口に出してしまいたくなる。

古本行脚 NO.1

古本行脚のスケジュールを
えーと…
○○店の最寄り駅は…
あれ行ってこれ行ってと組み立てる作業は楽しい
が…しかし
ふふ～ん♪
乗り換えて○○駅…
その近くに○書店…
そしたら2店舗行けるな…
現実は甘くない
夏場の古本行脚…
さぁー!!
フンハー!!!
行くっぺ!!
それは まさに
サバイバル
出だしは順調
ハイテンションなまま
大体 2店舗は軽く制覇

No.2
そして移動中に「ちょっと休憩するか」となる
フー…
暑い暑い
どっか喫茶店でコーヒーのむか
これが魔の『一旦休息』である
冷房の効いた心地良い喫茶店ー…注文したアイスコーヒーが運ばれてきた時点で
とろ～ん
なんか眠たくなってきた…
こうなる
えーと…次は〇〇書店…
8駅まで行って…
とろろ～ん
ちゅー…
駅から徒歩15分かぁ…結構歩くなあ…
スケジュール表
そして…徐々に…
若干面倒臭いモードに
ちょっと!!なによ!!まだ見ぬ一冊が貴女を待っているかもしれないのよ!!
さあっ立ち上がって!!
ハッ
だが…心の声を聞き
何とか重い腰を上げる

NO.3

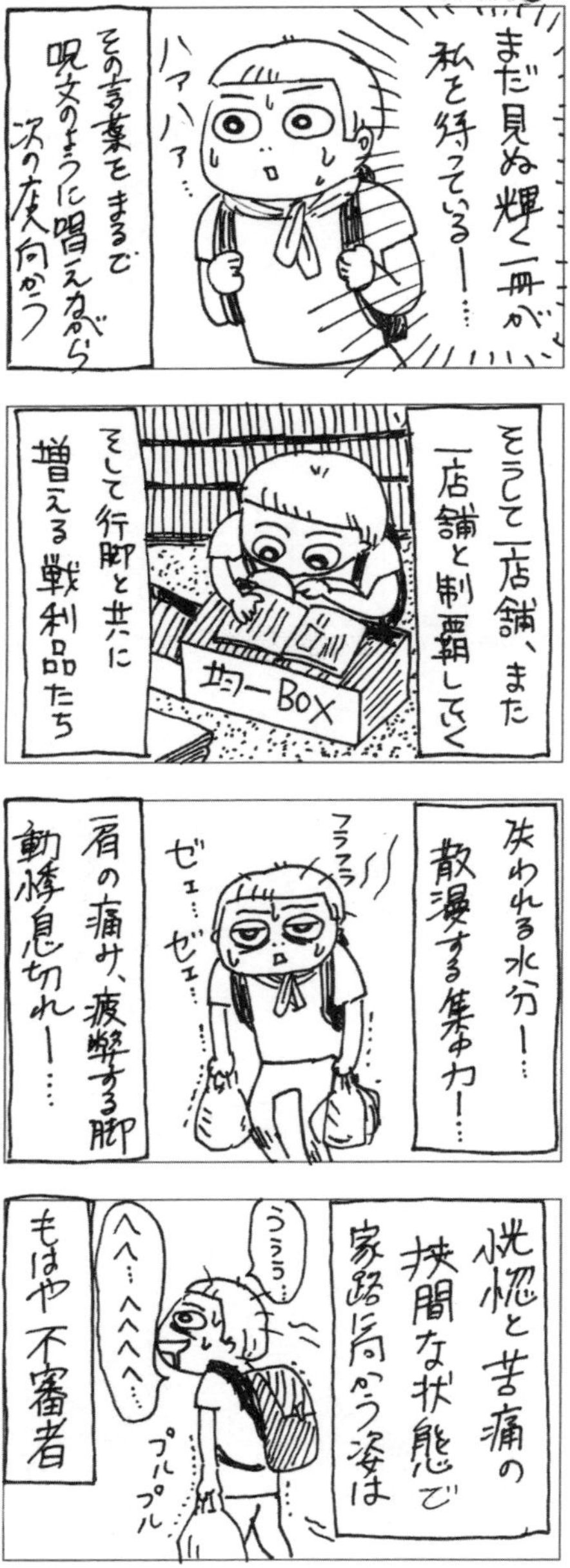
まだ見ぬ輝く一冊が
私を待っているー…
ハァハァ…
その言葉をまるで
呪文のように唱えながら
次の店へ向かう
そうして一店舗、また
一店舗と制覇していく
均一BOX
そして行脚と共に
増える戦利品たち
失われる水分ー…
散漫する集中力ー…
フラフラ
ゼェ…ゼェ…
肩の痛み、疲弊する脚
動悸息切れー…
恍惚と苦痛の
狭間な状態で
家路に向かう姿は
ううう…
へへ…へへへへ…
プルプル
もはや不審者

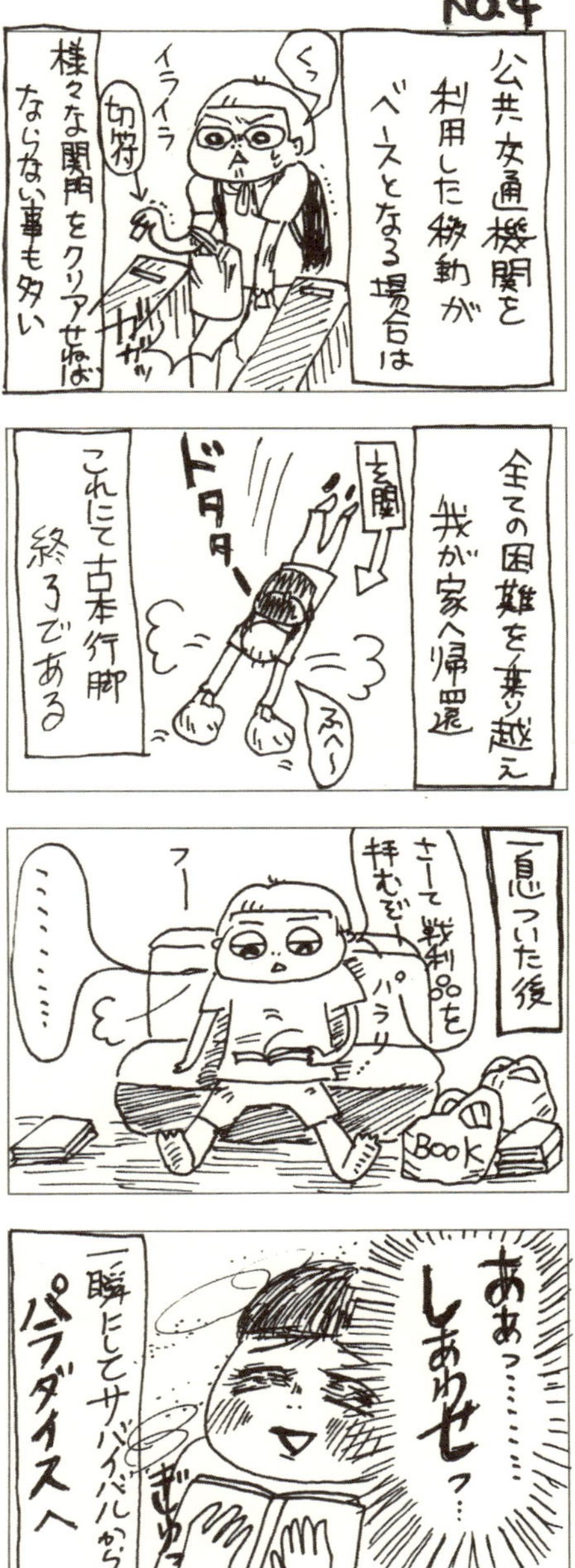
No.4
公共交通機関を利用した移動がベースとなる場合は
くっ
イライラ
切符
ガッガッ
様々な関門をクリアせねばならない事も多い
全ての困難を乗り越え我が家へ帰還
玄関
ドタタ
ふへ〜
これにて古本行脚終了である
一息ついた後
さーて戦利品を拝むぞー
パラリ
フー
…………
BOOK
ああっ……しあわせっ…
ぎゅっ
一瞬にしてサバイバルからパラダイスへ

古本行脚は修行とも言える…己の体力と精神力と常に向き合うトレーニング…

古本行脚のこだわり

紙に文字が印刷されているという本そのものの〝存在〟の重さが私はとても愛おしく感じる。読む前にどんどん買っちゃう理論を熱弁した後にこんな事を言うとどこまで矛盾人間なのだと呆れられてしまうかもしれないが、背表紙を目で捉え、手に取って本の重さを感じる、同時に詰め込まれた文字の重さを感じる、古本の匂いを吸い込む、気になる一節に付箋を貼る、もしくはページの端を折る、こうした何気ない細やかな動作を生みだすのも紙の本ならではだ。指先に得る感触から始まる物語…なんて表現するとロマンチックに傾倒しすぎてしまっているかもしれないが、本は、特に古本は、私にとってはロマンを与えてくれる最高の起爆剤でもある。

今、古本業界ではネット販売は当たり前、店売りだけではやっていけないと古本屋さんで度々耳にするようになった。ネットは便利だ。欲しい本を探す手間も省ける上に24時間買い物を楽しむ事が出来る。送料はかかるが交通費もガソリン代もかからない。そして目当ての本を記載されている保存状態や価格を比較した上で選ぶことも出来る。こんな効率よく古本探索が出来る手段は他にない。

だが、私は直に書棚を見て手で触りページをめくり買うか買わないかを一瞬の時間で判断する行為にこだわって自分の足を使って古本行脚をするようにしている。そもそもこれといって名指しで探している本がない。ある日偶然出会った琴線に触れた一冊こそが私の求めている本だからである。だからネットの検索ワードに入力が出来ない。本のタイトルはじめ全てが〝未知〟だからだ。

私の古本ハンティングのスリルと高揚感はネットハントではなかなか味わえない感覚だ。大量の本の中から己がハッとするような輝く一冊を見つけ出す快感…。この感覚を古本趣味を持たない人に話すと大袈裟だよとよく突っ込まれるが「あぁ、今この瞬間、生きてる、私！」と体の細胞が沸々と踊り出すような充実した幸福感に満ち溢れるのだ。

一冊の本との出会いを楽しむ作業は私にとって自分の審美眼や嗜好を形として表現してくれる物を探す作業に近い。〝なんとなく〟という感覚を言葉や形で表現することはとても難しい。難しいからこそ、具体化出来た時の気持ち良さはまるで緻密なパズルの一画と一画を繋ぐピースを見つけたような感覚に近い爽快さだ。

自分との闘い

古本屋行脚中に沸き起こる葛藤
うー…
ズッシリ……
最初から勢い良く買い過ぎちゃったな…配送しちゃおうかな…
いやっ…しかし…配送代で何冊か買えるし…勿体無い!!
くわっ
ギュッ…
ここはガマンすべしっ
しかしー…
まだ…まだいける…きっといける…
ガサガサ…
ふらふら…
ゼイゼイ…
ふう…ふう…
気合いだけでは乗り越えられぬ戦利品(古本)の重さ…
自分に負けた…
コレ、配送お願いします…
はーい
結果、フラフラとコンビニで敗北を噛み締めるのであった…
コンビニにて

〝配送〟にするとその日帰宅後に戦利品達を〝悦覧〟できないのがツラい為、苦汁の決断なのである…

古本？

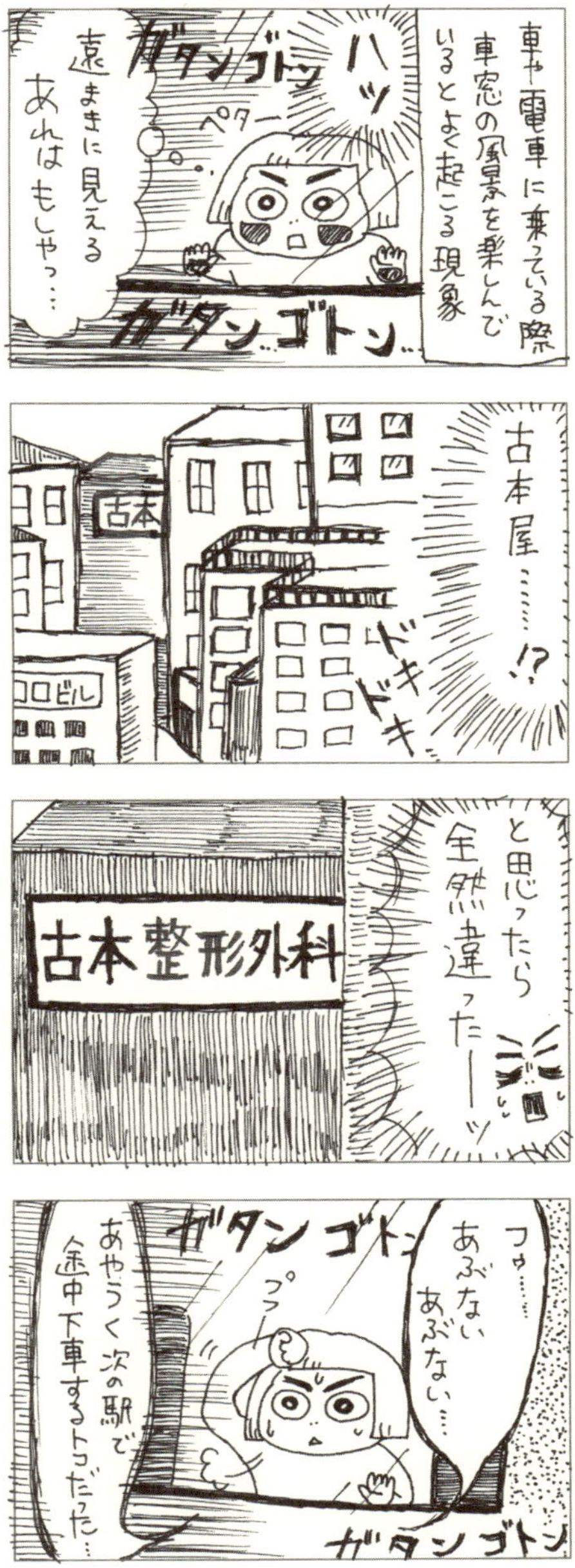
車や電車に乗っている際車窓の風景を楽しんでいるとよく起こる現象
ハッ
ガタンゴトン
ペター
遠まきに見えるあれはもしや…
ガタンゴトン
古本屋……!?
ドキドキ
古本
ココビル
と思ったら全然違ったーッ
古本整形外科
フゥ……
あぶないあぶない…
ガタンゴトン
プフー
あやうく次の駅で途中下車するトコだった…
ガタンゴトン

〝古本〞の文字だけでなく〝売ります〞〝買います〞のフレーズも見逃さない…

優越感

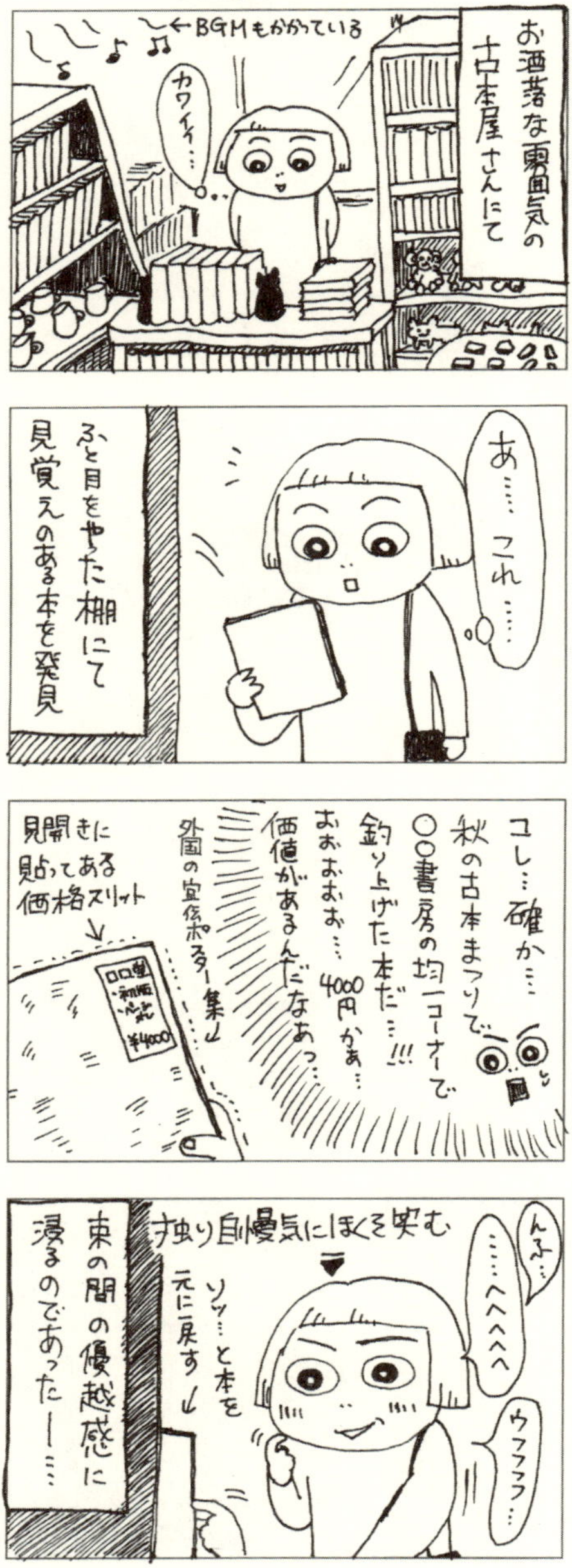

お洒落な雰囲気の古本屋さんにて
←BGMもかかっている
カワイイ…
ふと目をやった棚にて見覚えのある本を発見
あ…これ…
コレ…確か…
秋の古本まつりで
○○書房の均一コーナーで
釣り上げた本だ…!!!
おおおお…4000円かぁ…
価値があるんだなあっ…
外国の宣伝ポスター集
見開きに貼ってある価格スリット
□□堂
¥4000
束の間の優越感に浸るのであった—…
独り自慢気にほくそ笑む
ソッ…と本を元に戻す
んふ…
……へへへへへ
ウフフフフ…

自己評価がグッと上がる瞬間でもある。予備知識なく感覚で漁書をするからこその嬉しい発見。

いるんです

駅の中で開催されている古本市にて
仕事帰りのOLさんからカップル、老若男女賑わっている会場
ザワ
ザワ
ザワ
ザワ
ギャハハハッ
若いサラリーマン2人組
なにここ…スゲー…キモ、本ばっかじゃん
エロ本あんじゃね？お前の好きなー
うっせーよ 好きだけど!?
好きですけど、なにか!?
ガハハハハッ
…向こうのブースに「GORO」や「写楽」はあったけど…。
……
なんだコレ…？ここもくろく…って。
？
うわー、つーかこんなの買う奴とかいんの？
いや、いねーだろー
だよなー
ギャハハハ
浪速書林古書目録
なぜかドヤ顔
それがいるんだな～
フフン…
そう、例えばオレっちとかね！
フッ…

古書目録は、その名の通り古本の誌面博覧会。〝こんな本があるんだ！〟という発見と学びが詰まった教科書なのである。

孤独賛歌

大学生の時に同性の友人と街へ遊びにいった時
薬膳カレーの美味しい所いこー
ひょーっ薬膳？、なんかおしゃれー
営業中
あっ…
未踏の古本屋を発見
書
ご、ごめんね…ちょっとだけ…ここ入ってみてもいい？
うん、いいよー
ありがとう！
古書
TEL
誠実丁寧な買い取り どうぞ御相談ください
即売会
100～500円
隣でずっと話をする友人
わーっコレ！なつかしーー！小学校の時に国語の授業で習ったよねー
店内にて
うん、なつかしいねー
決して相手の事が嫌いというわけではない
ううう…集中できない…
楽しみ方は人それぞれ……
古本屋 初めて入ったー なんかすごい迫力だったねー
まぁ……また今度ひとりで来ればいいか…
ねー
結局手ブラ
ただ、やはり自分にとって…"古本漁りは孤独であれ"だな…と。

誰にも気にせず没頭出来るシチュエーションこそ、理想のハンティングスタイルなのダ。

あの頃は

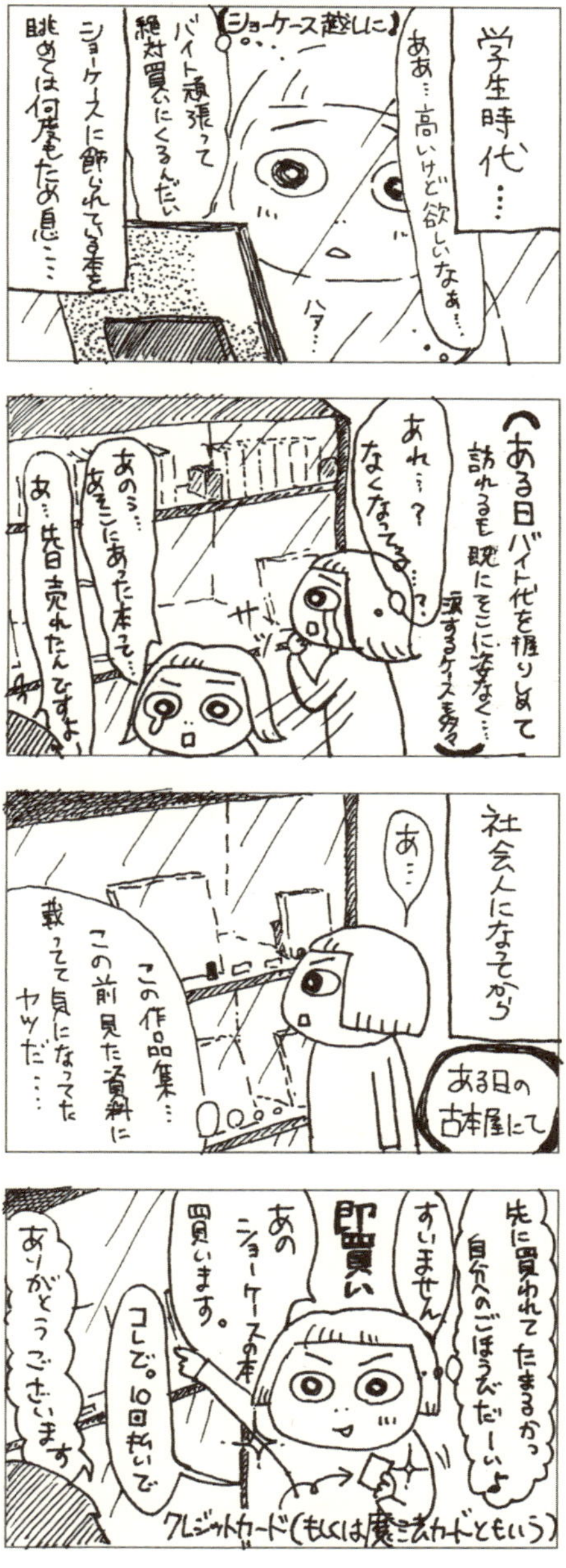
学生時代…
ああ…高いけど欲しいなぁ…
【ショーケース越しに】
バイト頑張って絶対買いにくるんだい
ショーケースに飾られてる本を眺めては何度もため息…
ハァ…
（ある日バイト代を握りしめて訪れるも既にそこに姿なく…涙するケース多々）
あれ…？なくなってる…？
サッ
あの…あそこにあった本って…
あ…先日売れたんですよ～
社会人になってから
あ…
ある日の古本屋にて
この作品集…この前見た資料に載ってて気になってたヤツだ…
先に買われてたまるかっ 自分へのごほうびだーいよ
すいません
即買い
あのショーケースの本買います。
コレで。10回払いで
ありがとうございます
クレジットカード（もしくは魔法のカードともいう）

古本から学んだ人生教訓〝する後悔、しない後悔〟それにしても…あの頃の健気さは今いずこ…

理性と本能の間で

古本屋にて
おっこんなトコロにこの本があるとは…
奇遇だなぁ! 持っているけど、ドレドレ!
みかん©
えっ…5,000円…!? ウソッ…ありえんっ…安い…
しかも…状態も良い…
過去、自分が長年探し求め8,000円で捕獲した本それでも安い価格
理性
いくら掘り出し価格でも同じ本は2冊もいらないでしょ!
だよね…いらんよね…
……
本能
保存用に買っとけ!! 好きな一冊だったら何冊持ってもいいだろ!! その値段じゃなかなかお目に掛かれねーぞ!
えー…どうしま…
ちょっと、アンタ何言ってんの!? バカじゃないの!?
ポカスカ
フルフル
ううううう
は!! そっちこそ!! 真面目ぶるなっすっこんでろ!!
ポカスカ

理性と本能の葛藤…最終的に何かしらの理由を肉付けして本能を勝たせるケースがほとんどである。

これが私の生きる道

魅惑の発色
コラーゲン配合リップ
¥3,500
バサバサな美しいまつげに
大変身、驚異の2倍
マスカラ
¥4,200
女は中身で勝負ってばーちゃんも言ってたしな…
それに節約していかないと…
いかん いかん
こんちはー
ガラッ
いらっしゃいませー
くださいなっ
古賀春江画集
初版、スレ有
¥6,000
はいはーい
30分後

物の価値感は人それぞれ…

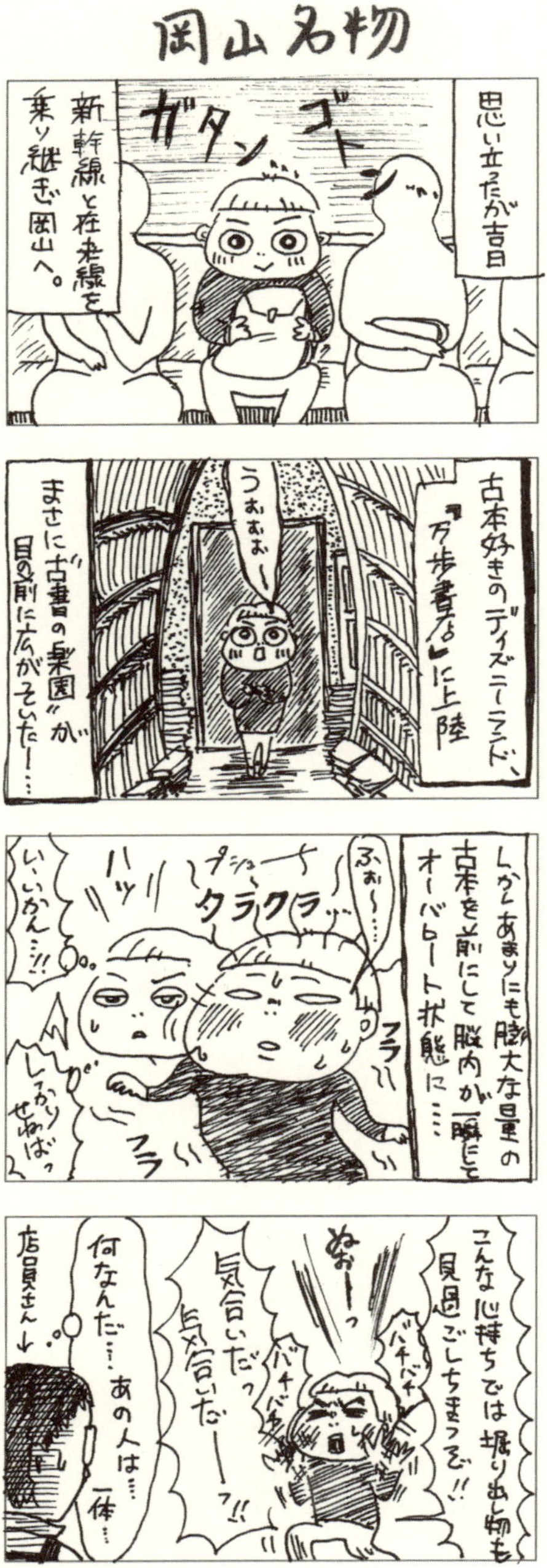

泊まり込みで漁書にくる猛者が全国からゾクゾク…恐るべし古本ディズニーランド。

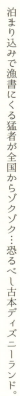

1日坊主

思い立って、購入本の記録をしようとメモ帳購入
これからは買った本記録しよ!
うん!
古本屋行脚の途中途中にお茶しながらメモしていったらいいモンね…
最初の頃は楽しみながら書き書き…
やっぱり記録しておいた方が整理も出来るしね～♪
ナイスアイディア!!
ええっと…コレは〇〇書店で200円で買った…と。タイトルは…
その後のお茶休憩タイムで…
ハァー……
あー…つかれた… なんか…書くの面倒臭い…
家帰ってまとめて書こっと…
結局帰宅しても書かぬまま
アー
三日坊主どころか一日で終了となった古本戦利品記録ー…
1ページしか使われていないメモ帳ー…
我が家のどこかに存在している…
Memo

次から次へと購入する為書くのが追いつかず結果余計な荷物と化した古本手帳なのであった…

積ん読ライフ

フー…
…あ
パチ
…
ガバッ
探すの面倒臭いし
まあいいや…
ボスッ
はぁー…

〝あ…あの本どこだっけ〟と思い浮かべては〝まあいっか〟の繰り返し。積ん読街道、真っしぐら。

古本者の脳内

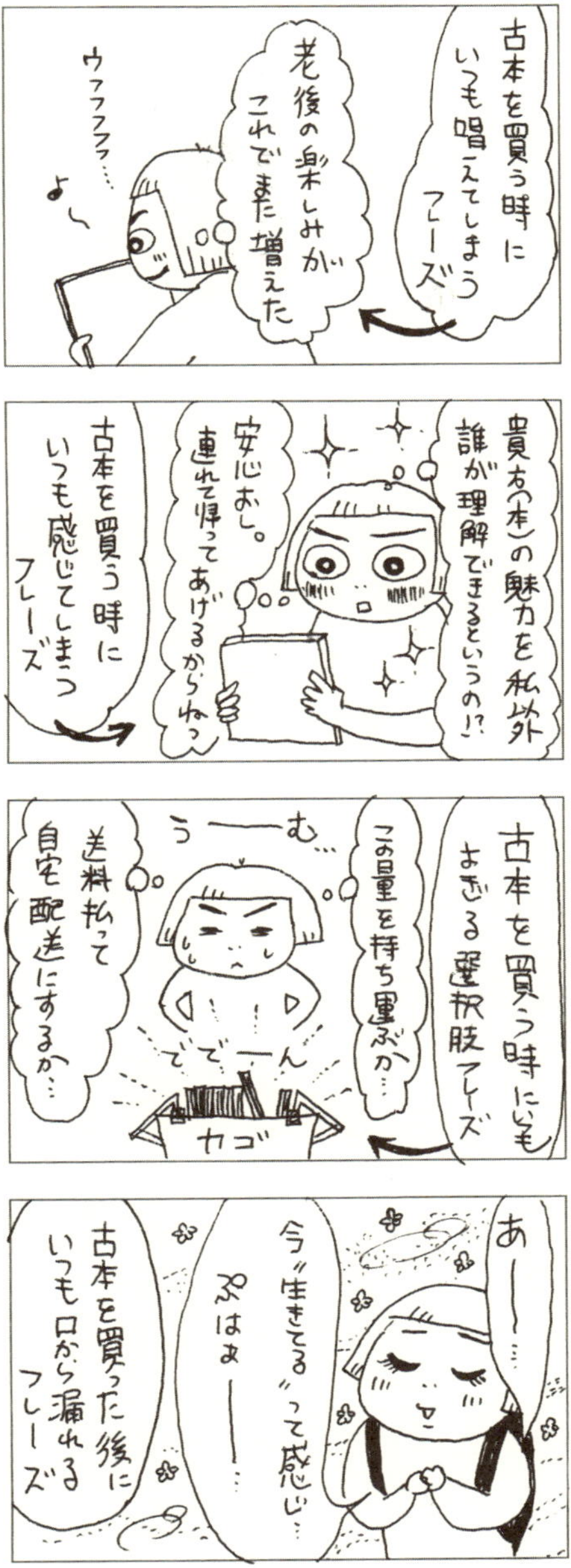
古本を買う時にいつも唱えてしまうフレーズ
老後の楽しみがこれでまた増えた
ウフフフフ……
よ〜
貴方(本)の魅力を私以外誰が理解できるというの!?
安心おし。連れて帰ってあげるからねっ
古本を買う時にいつも感じてしまうフレーズ
古本を買う時にいつもよぎる選択肢フレーズ
この量を持ち運ぶか…
う――む…
送料払って自宅配送にするか…
でで――ん
カゴ
あ〜〜…
今"生きてる"って感じ…
ぷはぁ――…
古本を買った後にいつも口から漏れるフレーズ

様々な感情が交差する古本街道。

古本屋があるから探書する

本来、本とは〝読むモノ〟であって〝眺めるモノ〟ではない。それはもう十二分に理解している。周囲の人からも散々言われるフレーズでもある。

本は読まれて初めて意味を成すものなのに、正直に言うと私は購入した本の6割は読めていない。しかも読んだうちの4割は画集だったり漫画だったりのヴィジュアルメインの本が占めている。それらのジャンル以外の本は見つけて手に入れて自宅の書棚もしくは床に置いた瞬間に満足感に包まれてしまうのだ。そして何とも形容し難い幸福感も。恐らく自分にとって大変素晴らしい価値あるモノが中に詰まった宝箱を手に入れたような気持ちになるのだ。そしてその蓋を開ける間もなく次の宝箱を見つけなければという不思議な焦りが湧きおこる。宝箱の蓋はいつだって開けられるのだから、今後の楽しみに取っておいてせっせと集めないと時間もチャンスもどんどん過ぎ去っていく。さぁ次さぁ次、とそうしてまた古本屋や古本市へと赴く。まるで冬を越すために穴蔵にドングリを掻き集めるリスのようだ。というかリスですらここまで躍起になって集めないかもしれない。私と言う人間はよっぽど頬袋が大きいリスなんだろう。

そこに山があるから登るという登山家の意見と一切違わず、そこに古本屋があるから探書する、だ。

枯渇するフェロモン

私のオーデコロンはシャネルの5番ではなくホコリとカビの芳ばしい香り…

古本とお洒落

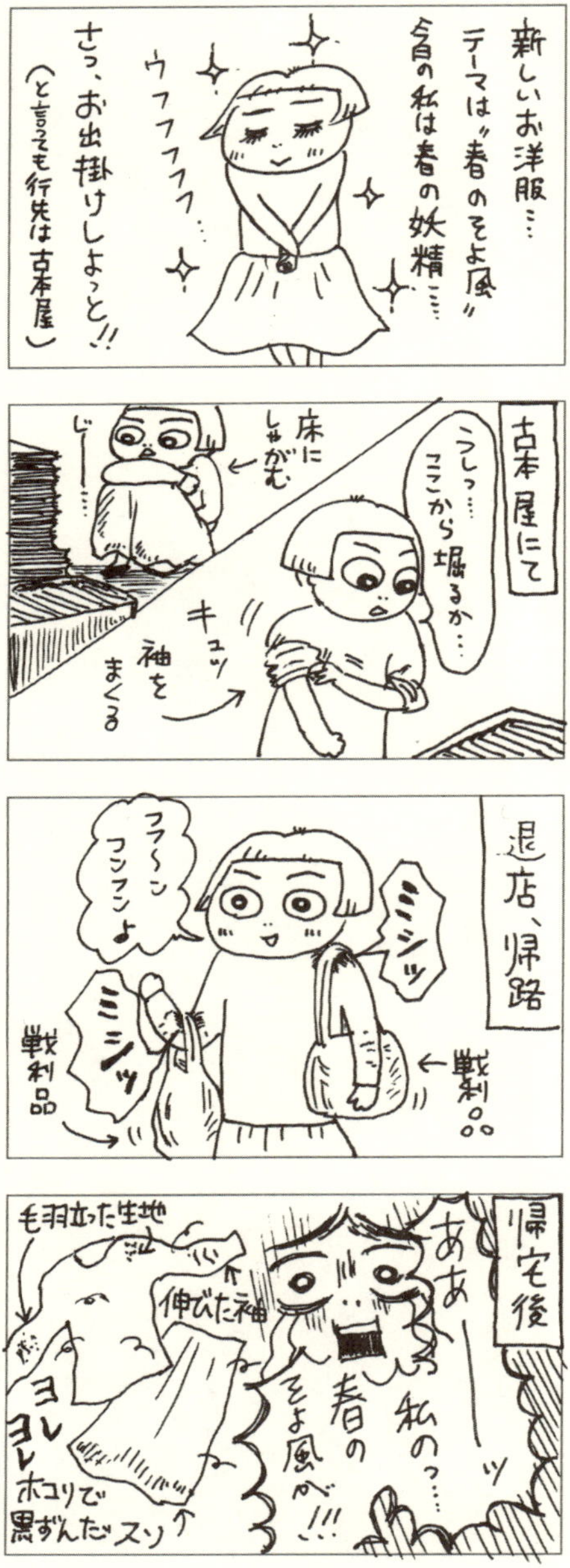
新しいお洋服…
テーマは〃春のそよ風〃
今日の私は春の妖精…
ウフフフフフフ…
さっ、お出掛けしよっと!!
(と言っても行先は古本屋)
古本屋にて
うしっ… ココから掘るか…
床にしゃがむ
じーー…
キュッ
袖をまくる
退店、帰路
ミシッ
フフ〜ン フンフン♪
ミシッ
戦利品
戦利品
帰宅後
ああーーッ
私のっ…
春のそよ風が!!!
毛羽立った生地
伸びた袖
ヨレヨレ
ホコリで黒ずんだスソ

古本行脚ではお洒落するべからず。

記憶力

人の顔や名前を覚えるのは得意でない自分ー…
あれ…見覚えはあるが な、名前がっ…(汗)
わーっ こんにちは! お久しぶりです
ひさしぶりーっ
しかし本に関しては いつどこでどのような シチュエーションで手に 入れたかが鮮明に 記憶している率が高い
あ…
この本… ここにあったか〜 なつかしいなぁ
積ん読整理中
たしか名古屋に初めて 行った時…もう5年経つ のかぁ… 山星書店さんで 見つけたんだよなぁ…
しみじみ…
うんうん
寒い時期だったから その後食べに行ったラーメン 熱々で美味しかったんだよな…
それにしても… 人となるとなぜこんなにも 欠落してしまうのか… というくらい忘れ坊と化す
悶々悶々悶々…
ハッ…
そういや昨日久々に会ったあの人… 美味しいラーメン屋 教えてって 聞かれて答えたけど… 結局、誰だったっけ… 向こうは私の事かなり 知っていたけども…

この記憶能力が多分野で生かせる機会がなかったりする…

あゝ便意峠

古本屋にて棚を物色している最中…
物色中は仁王立ちポーズ
あれ…？ちと…お腹がいたい…かも…
ゴロゴロゴロ
突然襲うトイレ予報
しかし棚を順序良くチェックする作業を一旦中断すると気持ちが悪くなるのでスルーする
<棚チェックの順序>
が・我慢だっ!!
ここで流れを止めたら集中力が切れてイイ本を見逃してしまうっ…
そして何よりー…個人経営の古本屋さんは
ぷるぷる
ランランラララランランラン ランラーラララー ラララランラ♪
なぜか風の谷のナウシカレクイエムをリピート
客用トイレが設置されていないケースも多い（私的データ）
だが不思議な事に好みの本が見つかると…
おおーっ!!
THE古本ヒーリングと名付けている。
便意峠を越してしまうケースも多い（体験データ）

便意と欲望の狭間で…時として凄まじい忍耐力が発揮される。

威嚇動作

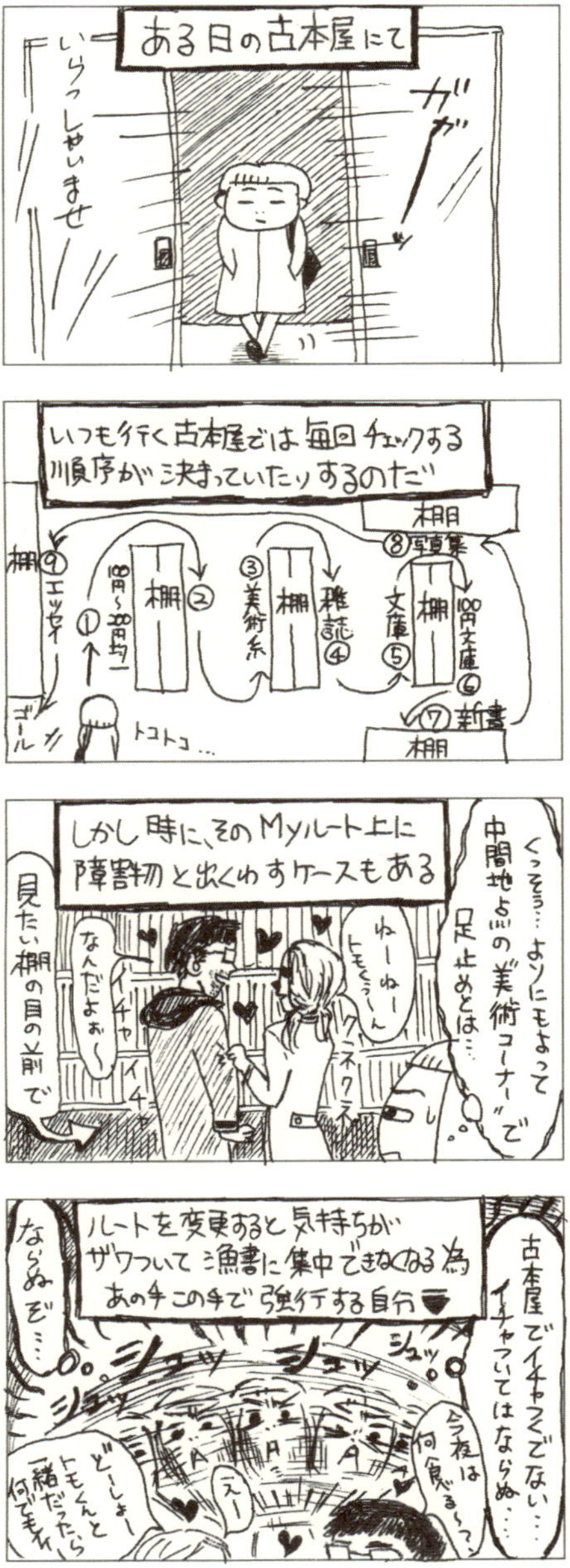

ある日の古本屋にて
いらっしゃいませ
ガガー
いつも行く古本屋では毎回チェックする順序が決まっていたりするのだ
棚
①100円〜200円均一
②
③美術系
④雑誌
⑤文庫
⑥100円文庫
⑦新書
⑧写真集
⑨エッセイ
ゴール
トコトコ…
しかし時に、そのMyルート上に障害物と出くわすケースもある
くっそう…よりにもよって中間地点の"美術コーナー"で
足止めとは…
見たい棚の目の前で
なんだよぉ〜
イチャイチャ
ねーねートモくぅーん
クネクネ
ルートを変更すると気持ちがザワついて漁書に集中できなくなる為あの手この手で強行する自分
古本屋でイチャつくでない…イチャついてはならぬ…
ならぬぞ…
シュッ
シュッ
シュッ
シュッ
今夜は何食べる〜?
えー
どーしよー
トモくんと一緒だったら何でもイイ

「よそでおイチャつきなさい…」と心の中で諭しながら無言のプレッシャーを与える自分…

古本ダイエット

頭も使うし全身動かすし…
フンハーッ
くいっ くいっ
I♡肉
古本屋行脚ってダイエットには最適よね！
フー…ちょっと疲れた…
どっかで休も…
古本屋巡りの合間に喫茶店へ
んふー♥
やっぱり疲れたら糖分を補給しなくちゃね
ケーキセットを注文
はー買った買った… おっ…夕方かー
もう晩ご飯食べて帰るか… 作るの面倒だし…
定食屋でご飯大盛りの晩ご飯
ムシャムシャ
うまっうまっ
いっぱい歩いた後の唐揚げ定食はハシが止まらないぜ!!
その後ー…銭湯の脱衣所にて
あれっ!? なぜっ!?
なんか太ってる…!!
体重計
勢いよくまわる針
ブフーッ
そりゃそうだ〈完〉

減らぬ物欲増える体重古本行脚はスポーツに近い…ついついエネルギー補充に励んでしまうのである。

旅ゆけば

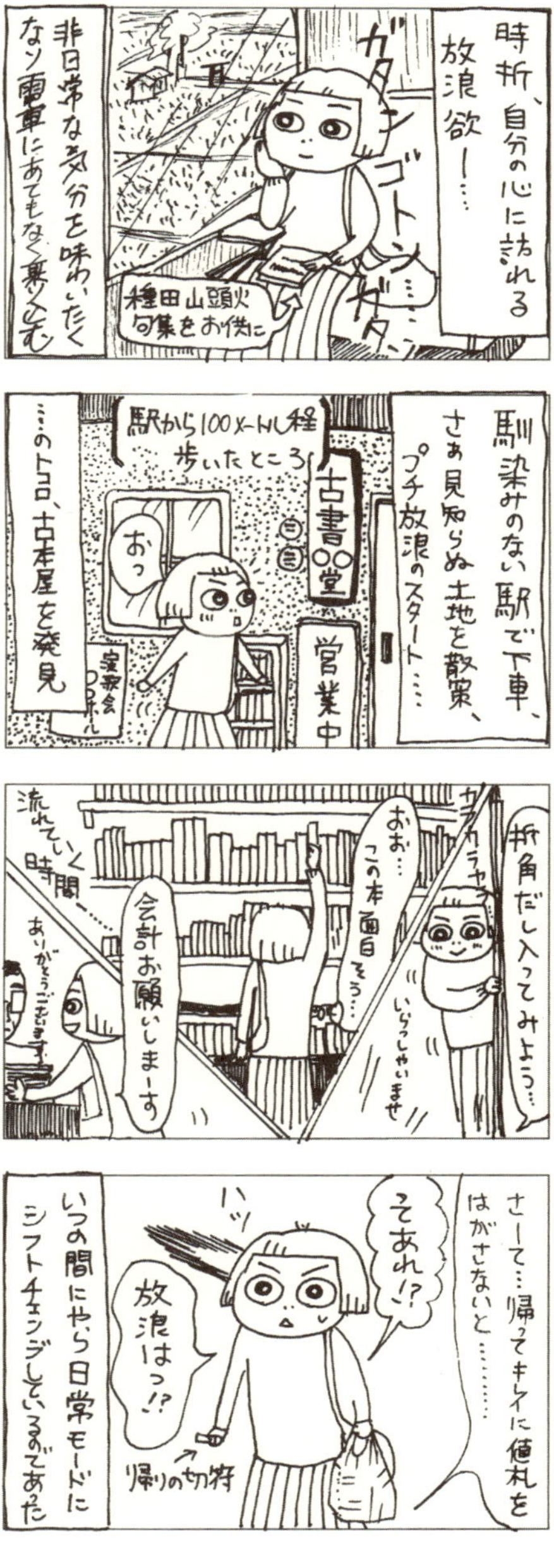

時折、自分の心に訪れる放浪欲ー…
ガタンゴトン…ガタン…
種田山頭火句集をお供に
非日常な気分を味わいたくなり電車にあてもなく乗りこむ
馴染みのない駅で下車、さぁ見知らぬ土地を散策、プチ放浪のスタート…
駅から100メートル程歩いたところ
古書○○堂
営業中
おっ
…のトコロ、古本屋を発見
折角だし入ってみよう…
カラカラ
いらっしゃいませ
おお…この本面白そう…
会計お願いしまーす
ありがとうございます
流れていく時間…
さーて…帰ってキレイに値札をはがさないと……
ハッ
そあれ!?
放浪はっ!?
帰りの切符
いつの間にやら日常モードにシフトチェンジしているのであった

旅ゆけば気付けば日常手に古本。

途切れる会話

初対面の人と談話 趣味の話になりー…

えぇと…

私は… 本が好きですね…

あ!! 私もです!

どのジャンルが好きですか? 好きな作家さんは?

週何冊のペースで読みます?

あ、えと…

ジャンルはコレといってなくて… 好きな作家さんも特にいなくて… あの…その…買っても読んだりはあまりしてなくてですね…

くるくる…

あっ…モチロン読む時もありますが…

?

?

?

本そのものも好きだけど具体的にどんな本を読む訳でもなくって 知らない本に出会うことが好きで… その過程が楽しくて… ということは… んーと… ぐるぐるぐる
えーーと…

なんだか面倒な質問をしてしまったな…

毎回こうなる
あの訂正します
よしっコレだっ
正確には"本を探して買うこと"が好きです。

へーー…そうなんですね、
会話終了の空気感

会話のキャッチボールにおいて古本趣味は一般の方々にとっては変化球のようなものである。

多幸感

理想の休日とは。
人によっては海外でバカンス…
人によっては一日中寝床の中…
人によってはドライブや遠出…
様々な休日の過ごし方がある…
自分の場合は……
朝 喫茶店でモーニング
ムシャムシャ
日中 古本屋をハシゴ
フンフン♪
途中 定食屋でお腹いっぱい昼ごはん
パクパク
夕方頃まで古本屋めぐり…
古本
ムフフフ
家路に着く道すがら立ち呑み屋で一杯
帰宅後ディナーにカップラーメンをすする
ズズズ…
食後、ソファで戦利品をのんびり眺める
〆に近所の銭湯へ、フロ上がりに冷えたコーヒー牛乳を飲む、が理想の休日だったりする
もしかして…
プハーッ
自分、いま、世界一の幸せモンじゃない!?

幸福の感じ方は人それぞれ。自分は小さな幸福感が沢山凝縮された一日が理想だったり…

とりあえず

あれも しなきゃ
モヤモヤモヤ
モヤモヤ…
これも しなきゃ
悶々 悶々….
悶々 悶々…
ああーっ やらなくちゃいけないことテンコ盛りで 頭の中グチャグチャだーっ
ガシュ
ガシュ
あああ
あああー!!!
んー、まあ…. とりあえず古本屋寄って あとで考えよう…
BO
OF
テケテケ…
ガガーッ
「寄るんかーい!」と天からツッコミの声が降り注ぐのであった

コレは現実逃避ではなく自分の志気を高める神聖な儀式なのである（と、言いきかせて入店）。

旅情と古本

大学4回生の12月、自分の誕生日が卒業論文提出締め切りというのもあり、楽しみつつ苦しみつつ作成した論文を教授に提出した帰り、駅前の古いビルの一角にあった行きつけの喫茶店で珈琲とジャムトーストでささやかなお疲れ様おめでとう会を独り静かに開幕した。何にも束縛も制限もされることのない解放感に満ち満ちた私は、喫茶店を出てそのまま財布と携帯だけを持って電車に乗り込んだ。あてもなくどこかに行ってみようという〝放浪〟を実践してみたくなったのだ。近鉄線で京都まで行き、そのまま湖西線に乗り込んだ。湖西線を選んだのは自分の苗字と同じ名前の駅があるからとりあえず行ってみるかという至極単純な理由だった。当時、卒業論文作成だけでなく就職活動などある意味抑圧された時期だったという事もあり、旅行記や温泉案内など旅にまつわる古本を買い集めていた。古い鉄道地図を眺めたり、車窓から眺めた風景を想像したり、鄙びた温泉街の情景を思い浮かべたり、旅館で出された郷土料理や地酒を筆者が愉しむ描写を読んで喉をゴクリと鳴らしたり…本棚に蓄積されていく旅行関連の古本の背表紙を眺めるだけでホッと息抜きすることも出来た。自分の苗字と同じ名前の駅があるというのも、たまたまページを開いた旅の随筆集で知った。

念願叶って最初の目的地の苗字と同じ駅に到着したが、とりたてて突っ込み所の見当たらない閑静な住宅街の最寄駅といった感じで、新しくも古くもない至ってノーマルな駅舎と駅名の看板を目に焼き付けるだけというシンプルな儀式を以て終了（案外こんなモンかな、とクスリとした）

引き続き乗車した琵琶湖沿いを穏やかに走る湖西線の車内からは、なんとも旅情感そそる風景が続いた。電車で移動するたびに時折ふっ…と胸に迫る感覚がある。窓を眺めている時に目に入り過ぎ去っていく風景。沢山の家々、田んぼのあぜ道を犬と散歩する人、道端でお喋りをしている人たち、洗濯物を干している人、車を運転する人、スーパーの裏手で煙草を吸っている人、登下校中の学生…。

みんなそれぞれの人生があってそれぞれの時間を生きていて、それぞれにドラマがあるんだなぁと当たり前の事に対して胸がギュッとなる感覚に包みこまれていく。そんな摩訶不思議なセンチメンタルに浸る自分を乗せた電車はやがて北小松という駅を過ぎた。しばらくすると、ほんの一瞬、微かに一瞬だけ遠巻きに小さな鳥居が目に入った。湖の中から鳥居が生えている！！　ぼーっと車窓を眺めていた自分は突然の遭遇に慌てて窓ガラスに両手をついて過ぎ去っていく景色を見送った。次の駅で降りてあの鳥居を間近で見てみようという思いが次の目的地に決まった。早く停まらないかしらんとはやる気持ちを押さえながら到着した近江高島駅。下車後すぐ、煙草片手にあくびをしていたタクシーの運転手さんに尋ねて鳥居の所在地まで連れて行ってもらうことに。

白髭神社の本殿の目の前、道路を挟んで向かい側、雄大な琵琶湖が広がる景色、遠巻きには沖の島、そして鳥居、無事に再会を果たした。湖中からスッと立つ10メートルはゆうに超える立派な鳥居は私からしばらく思考を停止させた。寒風吹き荒ぶ中、湖のさざなみを耳にしながら、ふと不思議な感覚に襲われた。この風景、どこかで見たことがある…どこでだろう…何かの本で…あっ…！！！

大阪の古書店で初めて購入した洋書。自分がこれまで購入してきた古本のなかでも高額でそれでも欲しいと思いきって手に入れたモノだったので出会ったシーンや感情もよく覚えている。その一冊、写真家マイケル・ケンナの写真集に収められた、特に印象的だった作品の中の情景だったのだ。

真っ白い靄の中からせせり立つ鳥居、モノクロで無機質な写真からは神々しさすら感じられて異界の風景を切り取ったような風に私の目には映った。

それがいま、被写体が、目の前に、佇んでいる！！

ぶるぶると奥歯を噛みしめながら感動してしまった。予備知識がないからこそ、偶然がリンクして得ることが出来た感動なのだと不思議な巡り合わせに感謝したい気持ちになった。

当てもない放浪トリップ、先々も思いもかけない出会いに恵まれるのでは…と高まる期待を胸に潜めひとしきり湖畔で佇んでいると気がつけば時計は4時半を回っていた。冬の空は暗闇が迫るのが早い。さぁ暗くなる前に先に進まねば、と鳥居を後にした。

駅に戻るも、次の電車まで約30分…。ガランとしたホームからは思わず深呼吸したくなるような湖と田園の雄大な風景が見渡せた。が、そんな魅力的な情景も3分の時間潰しにしかならなかった。こういった時に常々感じるのが「何か読む本を持ってくれば良かった」という小さな後悔だ。不思議なもので、空いた時間に読むだろうからと文庫本一冊を鞄に入れて隙間時間も有効活用！　万全状態で外出した時に限って鞄から一度も取りだすことなく終えるケースがほとんどで、むしろ移動中の荷物になり「家に置いてくれば良かった…」となったり。しかしその経験の色濃さが増してきた矢先に今回のように真反対の感情が湧きおこる事例に出くわす…の繰り返しなのだ。束の間の悶々気分に浸っていると、そうだ、この先行く場所に古本屋はあるかしらん、あったらイイナという今度は別の感情に自然と移行していった。

　次の下車地はなんとなく雰囲気の良さそうな風景が見えたら下車してみようと楽観的に計画していたが、電車が来た頃には既にとっぷり日も暮れており、車窓からは暗闇と時折まばらに見受けられる家の光というなんとも心細くなる風景が続いた。見知らぬ土地で迎える夜、若干の緊張感もあってか、乗車して3駅目の近江今津駅で下車した。ライトアップされたビジネスホテルの看板が見えたからだ。

　電車から降り立つとツンと鼻を突き刺すような寒さにブルブルしながら深閑とした駅前のロータリーを足早に突き抜け、ホテルのフロントに駆け込んだ。なんとか今宵の宿を確保できた安心感もあってか、案内された部屋で一息ついた後に散策に繰り出した。あまりの寒さで手袋を手に入れたいと思ったものの、もちろん駅周辺に洋品店の姿もなく、夜7時の暗闇の街は既にシャッターで閉ざされていた。手の暖が取れぬ代わりに、お腹に暖を取ろうと気持ちを切り替えた瞬間、ありがたいことに中華料理屋のオレンジに輝く看板が遠巻きにぼんやり浮かび上がった。

店の扉を開けると、食欲をそそる匂いと共に地元の常連さんらしき作業着を着た2名がちょうど出来てのラーメンをハフハフずるずると美味しそうに食べている光景が目に飛び込んできた。店内隅のテーブルに腰かけ、年季の入ったメニューを手に取る。ラーメンもいいけど熱々のアンが乗った天津飯もいいな…レバニラ炒めと唐揚げも頼もう…この際だビールもいっちゃおう…と目を爛々とさせながらメニュー表とにらめっこしていると「いらっしゃいませ」と高校生ぐらいの女の子がしずしずとお冷を持ってきてくれた。この中華料理店は大将が料理番、奥さんと娘さんが給仕会計等その他全般を担う家族経営らしい。(料理を待っている間、家族の会話も時折耳に入ってきてなんだかとても居心地が良く感じられた。なにより思春期真っただ中であろう高校生の娘さん、嫌な顔一つせず家の手伝いを進んでやっている姿には非常に好感を持ってしまった)まもなくして、注文した料理が湯気を踊らせながら静かに運ばれてきた。空腹感と歓喜が入り混じり思わず感嘆の声を小さく漏らすと、運び手の娘さんもフフフ…とほくそ笑んでくれた。フッとつげ義春のリアリズムの宿という作品で貧しい宿屋の少年が主人公の部屋に味噌汁の鍋を運んでくるワンシーンが脳裏をよぎった。状況は全く異なるのに、旅先での出来事はささやかな事や普段気にも留めていないことが印象的に捉えられるのがなんとも不思議だ…。私の場合はこれまで偶然出会いを果たした古本から得たイメージが、何かの出来事に触れた際に咄嗟に思い起こされる事が多々ある。

火傷しそうなくらい熱々の天津飯の山をレンゲで崩し、口に運ぶ。あぁうんまい。心の中では『まんが道』の食事シーンで印象的な満賀と才野の「ンマーイ！」の雄叫びが延々と繰り返された。

ビールを飲み干した後、満たされた余韻に浸りつつ頬杖をつきながら空になった中華皿の縁を指でなぞっていた。その側を通り過ぎていった先客の作業着の二人組が会計を済ませて扉を開けた瞬間、「おっ雪が降ってきやがった」と叫んだ。窓に目をやると、おぉ確かに雪がチラチラと。開いた入口ドアから容赦なく冷たい風が入り込む。「うひぃ～寒い寒い」と小学生のようにはしゃぎながら二人が店を出て行った後、再び静かな店内になった。

さぁ私もそろそろ出るか…ホテルに戻ったらすぐ熱い湯に浸かろう。確か大浴場があるって言ってたっけ…ふわふわとした心持ちで会計を済ませ外に出た。顔に当たっては溶ける雪が気持ち良い。帰ったら風呂に入って寝るだけ。明日の心配もしなくてもいい。明日の事は明日考えればいい。そんな最高に幸福感に包まれた贅沢な状況を噛みしめながらほろ酔い気分でホテルまでの道をニヤニヤと歩いたのであった。

翌朝、部屋の窓を開けると眼前に位置する駅舎と線路の随所には雪がちょこっと積もっていた。雪も昨夜から引き続き微かなリズムで降り注いでいる様子だった。思わず浮足立って「ひょほーっ」と叫んでしまう。冬の放浪旅に暗雲に雪…なんと素晴らしい。なんてツイているんだ…と心の中はもはや種田山頭火モードの自分は独り静かに興奮しながらチェックアウトして駅に向かった。
今日も気分で下車地を決めればいい、あとで乗り越し精算も出来るし…と、とりあえず隣の駅までの切符を購入して電車に乗り込んだ。平日の朝、通勤通学ラッシュも過ぎた後か、車内はガランとした状態。「ヤッター！　今日もじっくり車窓が楽しめる！」と勇んでボックスシートに着席した。（〝移動中の窓側席〟というポイントは自分の旅において宿泊食事観光の内容よりなによりも重要な項目だったりする）
熱い缶コーヒーを飲みながらしばらく景色を眺めていると、次第に琵琶湖の姿は見えなくなり山間の風景が続いた。雪も積もるまではいかないが相変わらず散らついている。外はかなり寒いのだろう。車窓から時折見かける人は皆々重装備だ。そんな風景を目にしながら自分の幸福な状況に嬉しさが込み上げてきた。やがて長いトンネルに差し掛かりしばらく単調な暗闇の風景しか見えなくなった。今自分はどのあたりにいるのかも皆目見当がつかないし次あたりで一旦降車してみるか…等と思案していた矢先、外がパッと突然明るくなった。一面白銀の世界。綿のような雪がこんもりと覆いかぶさった見渡す限り人の気配が皆無の静かな山間風景。この情景を見たらきっとどの人も「トンネルを抜けるとそこは雪国だった…」の名フレーズをつい呟きたくなるくらい。暗闇のトンネルから一変、車窓一面に白銀の風景が広がったのだ。
予期せず出会った感動に胸を静かに昂ぶらせながら、あぁ、今日はもういっそずっとこの暖かな電車に揺られていたい…、とそんなどこからともなく湧き出てきた願望。そうして車内を巡回している駅員さんを呼び止めいつの間にか福井までの切符を買い求めていたのであった。

その後数時間の乗車を堪能し、未踏の地、福井に上陸。先ほどまでのポカポカの車内とうって変わり突き刺すような冷たさが体中を通り抜ける。こりゃいかん、早速散策して喫茶店かどこかに一旦避難せねば、と駅前のアーケードに向かった。マフラーに顔を埋めながらあてもなく歩く。あまりの寒さにやや気持ちが挫けそうになっていたところ、目の前に【古本】という文字が飛び込んできた。古本屋だ！！！一気にアドレナリンが全身に満ち満ちてきた。

迷わずにガラス扉を開く。暖かな店内、そびえ立つ本棚、均一本のワゴン、平台に並ぶ背表紙、天国のような空間が出迎えてくれた。

それにしても旅先で偶然出会う古本屋に狂おしいくらい胸がトキメいてしまう現象は一体何なのだろう。まるでまだ見ぬ金山の一角を掘り当てたかのような気持ちになるのだ。

今日は時間に限りがあるわけでもなく気を使わねばならない同行人も居ない、自由にたっぷり時間を使って漁書ができる。ゆっくりじっくりと店内を眺めてまわった。その土地の郷土史や資料が置かれているのを目にすると、しみじみと「あぁ今見知らぬ土地に自分は居るんだなぁ…」と不思議な感覚を感じれるのも旅先の古本屋ならではの醍醐味だ。

店内ですっかり温まった結果、一冊の本を連れて店を後にした。あれだけ寒さで下り坂だった気持ちもどこへやら、本の入った紙包みを抱えた右手を横目に見ながらルンルン気分で初めて踏み入れる福井の町の散策をその後当てもなく楽しんだ。途中、休憩に立ち寄った賑やかなファミリーレストランの隅の一画で、ドリンクバーで一息つきながらどれどれ…とおもむろに買った本を開いた。

いくつかの項目に分けて綴られた随想録の中で〝流転幻想〟という題名の文章に引き込まれた。筆者がある日の朝なんとなく海が見たくなり、海の情景を求めて当てもなく電車に乗り込み出掛けるという、まさに今の自分の心境状況を鏡で合わせたような内容に鳥肌を立てながら読みふけってしまった。こんな素晴らしい出会いがあるなんて。

店を出て、夕方になる頃にはいよいよ吐く息の白さは増し、煙のような呼吸の塊は、夕暮れ時の福井の空に吸い込まれていった。

私の旅のお話はこれでおしまい。

その時に出会ったのが『笛を吹く画家』（串田孫一著　文京書房）という一冊で、自宅の本棚に静かに佇むこの本の背表紙を眺めるたびにあの頃の気ままな放浪ひとり旅の情景ひとつひとつが色鮮やかに蘇ってきて、過ぎ去った時間の流れを感じては何とも甘酸っぱい気持ちに駆られるのだ。旅先で出会った古本は私にとって思い出のアルバムのような存在でもある。

これからも、また一冊また一冊と旅先での偶然の出会いを愉しみに増やしていきたい。

恐怖の雪崩

新しく本が増えた際……
よしっ…値札シールもはがしたし…
よいしょっ
とりあえずどこに置こうかナ……と
置き場所をまず探す
こ・ここにしとくか…とりあえず……
ゴワッ
フーフー…
そー…
ぐらぐら
床に乱立する"積ん読タワー"へ
あっあぁあっ……
ぐらぁっ……
ゆらぁっ……
あ゛あ゛お゛お゛お゛ーーッ
積ん読タワードミノ倒し地獄
ズザザザー

崩れ去る瞬間がスローモーションに見え…これをあと何回繰り返すのかと呆然とするのであった…

古本バイオレンス

古本屋で
今日は…
ウフフフフ
ツイてるぜ…
大漁豊作の時
プルプル
戦利品を引っさげて
ゼイゼイ
ハァハァ
四肢フル活用で帰還
プルプル
自宅到着後、ホッとひと息つき…
フー…
フロ入るか
疲労を取るべく風呂へ
己の肩に刻まれた
ひ・ひ・ひぃ〜
ドス黒いアザ
噛みつき痕に驚愕…

これを繰り返した結果筋肉が発達した。古本行脚にふさわしい屈強な肩が出来上がるのである。

旅の思い出

風が刺すように冷たい冬の時期
福井駅
うひぃ〜寒ぃ〜っ
ピュ〜
あてもない電車旅、ふと福井駅で下車
見知らぬ場所を徘徊 偶然古本屋を発見
くすり
おおっ…古本屋!! こりゃありがたいっ
中で暖取りながら漁書すべえ
古書
好文堂
店内散策後、
この本…なんか…好きだなぁ
買おっと
ズビ…
琴線に触れた一冊を500円で購入して出る
その後、付近にあるファミレスで休憩
ほー……
ハフー
旅ゆけば… 一冊の本に出会いけり…ってか
フフフフ…
一冊の古本と熱い珈琲で旅情気分に浸る

旅先で出会った古本は自分にとっての一等のお土産になる。

赤い糸

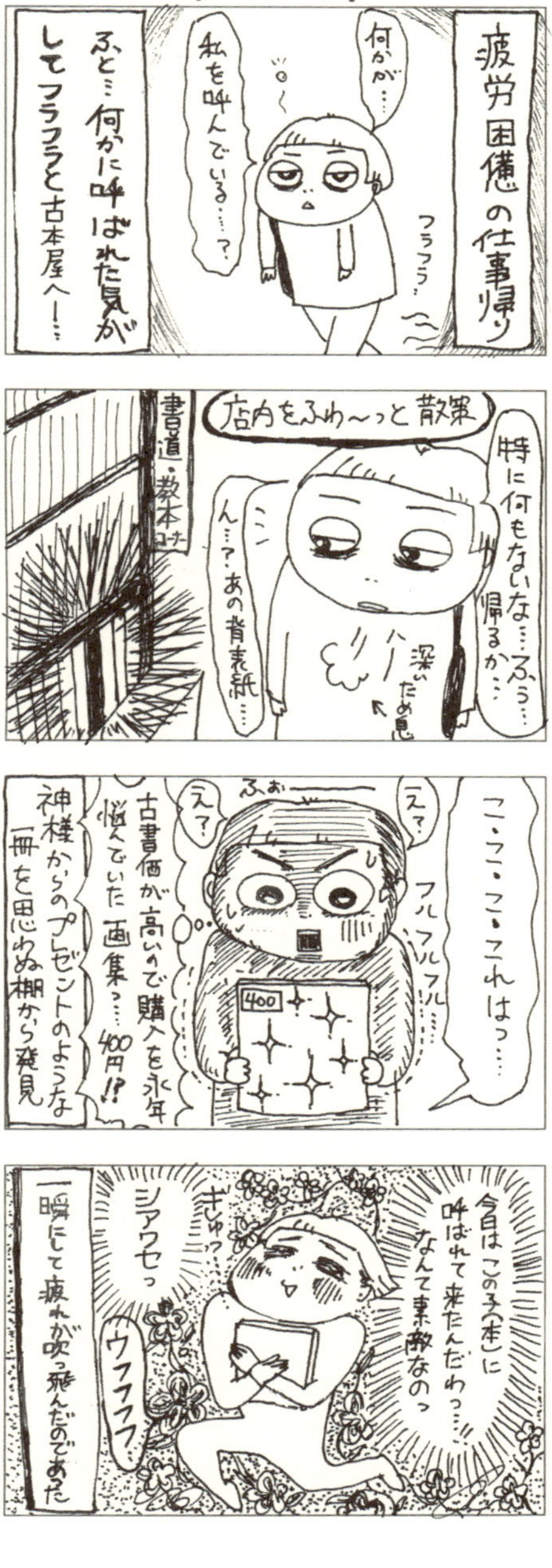
疲労困憊の仕事帰り
何かが…
私を呼んでいる…?
フラフラ…
ふと… 何かに呼ばれた気がしてフラフラと古本屋へ—…
店内をふわ~っと散策
時に何もないな… 帰るか… ふう…
深いため息
書道・教本コーナー
ん…? あの背表紙…
こ・こ・こ・これはっ…
フルフルフル…
えっ?
ふぉ——
えっ?
古書価が高いので購入を永年悩んでいた画集っ… 400円!?
400
神様からのプレゼントのような一冊を思わぬ棚から発見
今日はこの子(本)に呼ばれて来たんだわっ…!! なんて素敵なのっ
ギュッ…
シアワセっ
ウフフフフ
一瞬にして疲れが吹っ飛んだのであった

今日来なければ恐らくは出会えなかったであろう一冊を手にした瞬間、「本に呼ばれた」「本と私の赤い糸」を感じてしまう。

古本者シンパシー

初対面の人と会った時
あっ…は、はじめましてっ…こんにちはー
ペコ
こんにちは!! 初めまして
じゃあ、行きましょうかー
会話の糸口がつかめず
ドキドキ
ソワソワ
……
しばらく無言の状態に
なたりモジモジ…
初対面の古本好きの人と会った時
こんにちはー
ハキハキ
はじめましてっ
はじめまして
じゃ、とりあえず行きましょうか
いきなり話が
待ち合わせ前に○○古書店に寄って均一台で思いがけない一冊を拾ったんですよー
えぇ!?
多分、日本の古本屋にもヒットしないかな あまり出回ってない本なんですよねー
ヤバいっすねそれ、えぇっ!? どんな本なんですか!?
尽きない状態に

古本趣味は国、性別、年齢を越えて話に花が咲く。

試される人間力

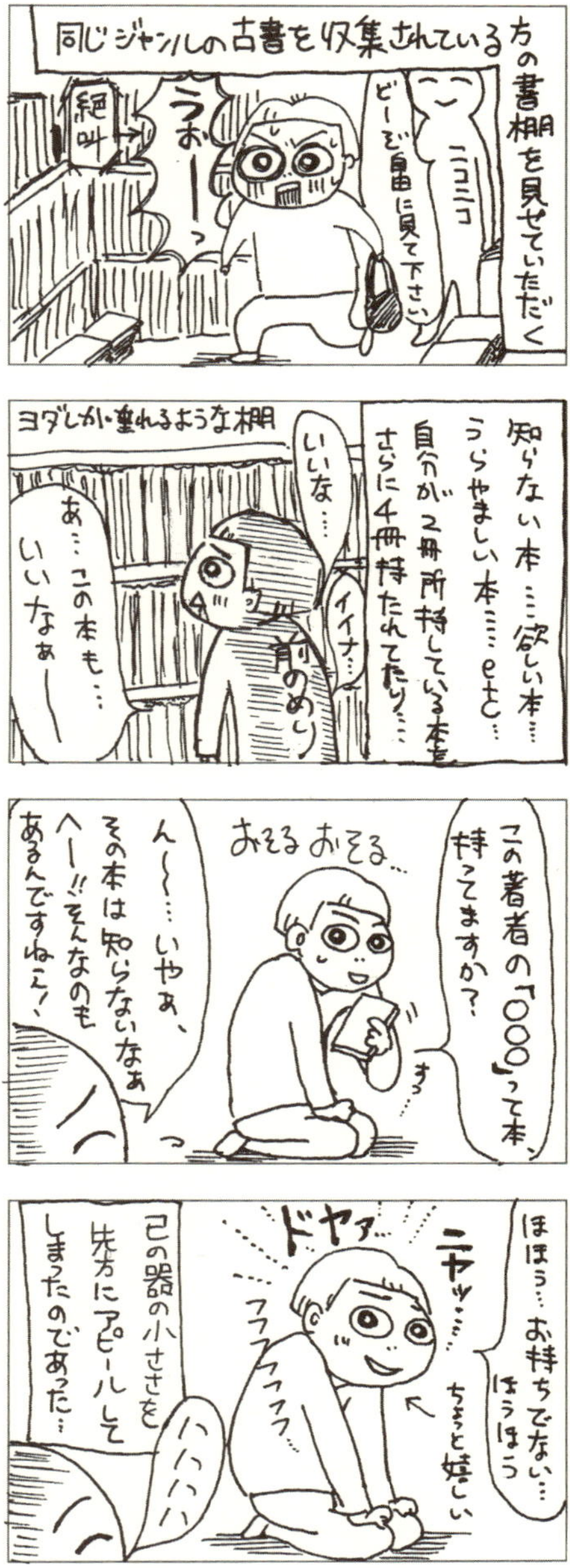

同じジャンルの古書を収集されている方の書棚を見せていただく
ニコニコ
どーぞ自由に見て下さい
うぉーーっ
絶叫
知らない本…欲しい本…うらやましい本…etc… 自分が2冊所持している本をさらに4冊持たれてたり…
いいな…
あ…この本も… いいなぁ
イイナ…
ヨダレが垂れるような棚
前のめり
この著者の「○○○」って本、持ってますか?
おそるおそる…
すっ…
ん〜…いやぁ、その本は知らないなぁ へー!!そんなのもあるんですねぇ!
ほほう…お持ちでない…ほうほう
ちょっと嬉しい
ニヤッ…
ドヤァ…
フフフ
フフフフ…
ハハハハ
己の器の小ささを先方にアピールしてしまったのであった…

古本の世界は所蔵数や稀覯本の有無で優劣がつくものでないと理解しつつも芽生えてしまう対抗心…

恐るべし リセット力

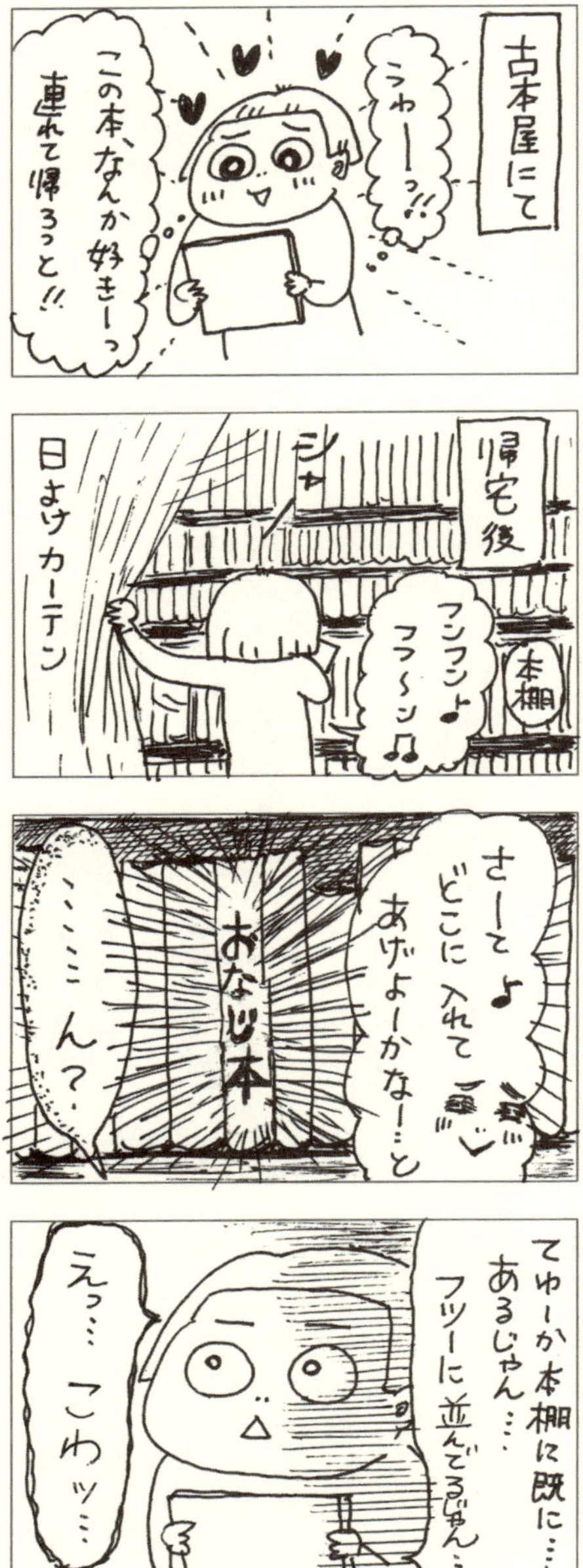
古本屋にて
うわーーっ!!
「この本、なんか好きーっ
連れて帰ろっと!!
帰宅後
シャ
本棚
フンフン♪
フフ〜ン♫
日よけカーテン
さーて♪
どこに入れて
あげよーかなー…と
おなじ本
こここん？
てゆーか本棚に既に…
あるじゃん…
フツーに並んでるじゃん…
えっ…
こわッ…

こういったケースは度々おこるがその度に「自分が…信じられない…」となる。己の脳のリセット力に恐怖を感じるのであった…

隙あらば古本

その後、漁書に没頭してしまい遅れてきた友人を逆に待たせるという結果になるのであった…

楽しい古本トーク

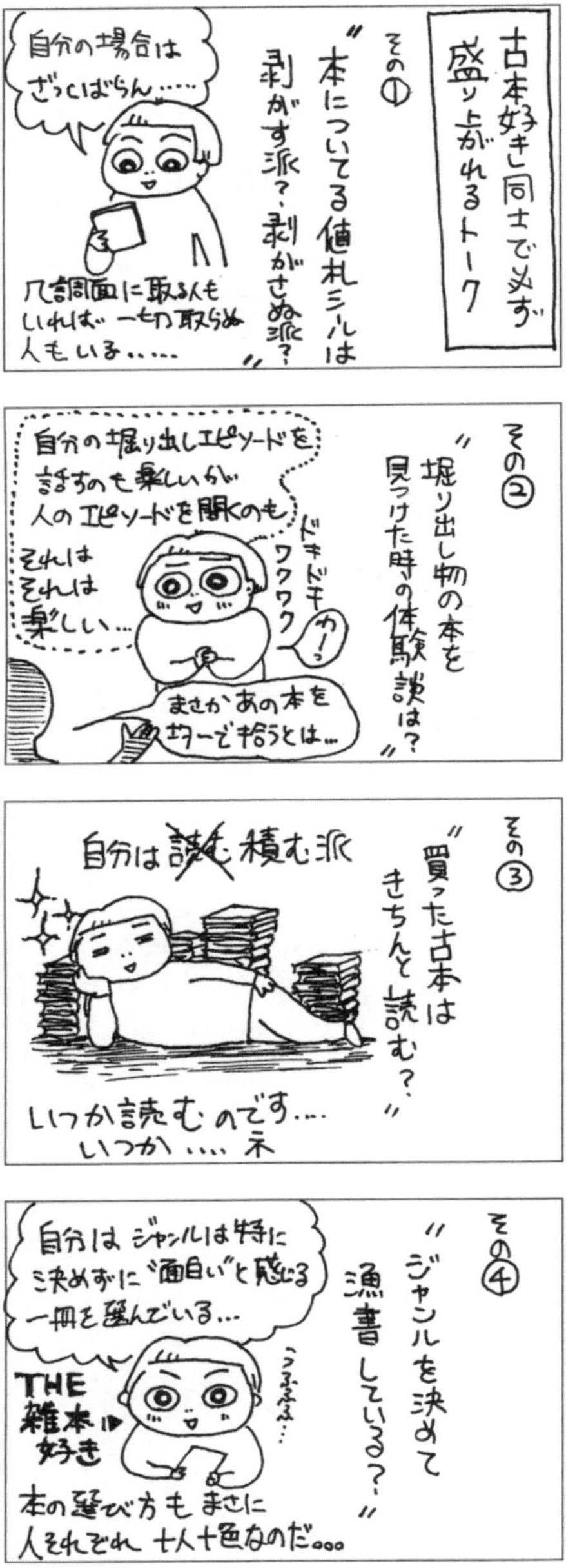
古本好き同士で必ず盛り上がれるトーク
その①
〝本についてる値札シールは剥がす派？剥がさぬ派？〟
自分の場合はざっくばらん……
几帳面に取る人もいれば一切取らぬ人もいる……
その②
〝掘り出し物の本を見つけた時の体験談は？〟
自分の掘り出しエピソードを話すのも楽しいが人のエピソードを聞くのもそれはそれは楽しい…
ドキドキワクワク
わー！
まさかあの本を均一で拾うとは…
その③
〝買った古本はきちんと読む？〟
自分は読む 積む派
いつか読むのです…. いつか…. 汗
その④
〝ジャンルを決めて漁書している？〟
自分はジャンルは特に決めずに〝面白い〟と感じる一冊を選んでいる…
THE 雑本好き
うふふふ…
本の選び方もまさに人それぞれ 十人十色なのだ。。。

この４項目でその人その人の〝古本スタイル〟が垣間見える。十人十色の古本道、知れば知るほど面白い。

我等、ハンターなり

「古本漁り」＝「獲物を狩る」

ある日の古書即売会

気になる本をロックオンすると脇目もふらず突進するのであった…

ポーズ

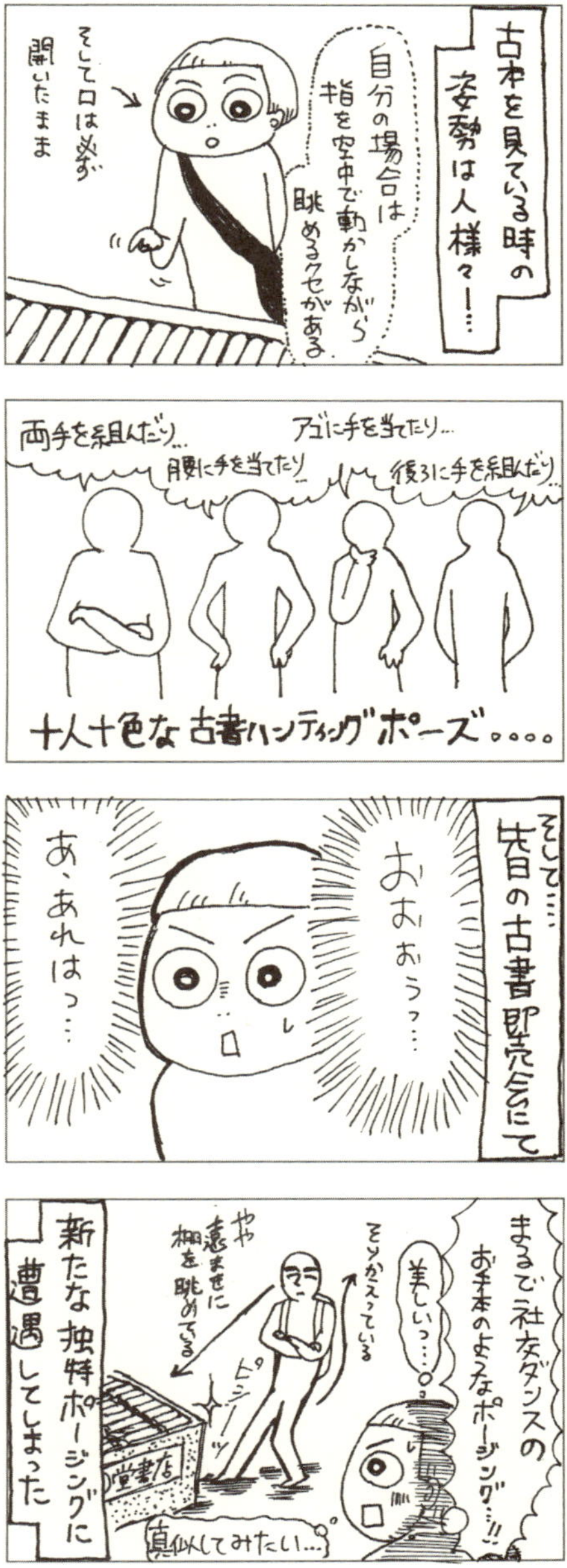

古本を見ている時の姿勢は人様々ー…
自分の場合は指を空中で動かしながら眺めるクセがある
そして口は必ず開いたまま
両手を組んだり…
アゴに手を当てたり…
腰に手を当てたり…
後ろに手を組んだり…
十人十色な古書ハンティングポーズ。。。。
そして…皆の古書即売会にて
おおぉうっ…
あ、あれはっ…
新たな独特ポージングに遭遇してしまった
やや遠まきに棚を眺めてる
ピシーッ
そりかえっている
堂書店
まるで社交ダンスのお手本のようなポージング…!!
美しいっ…
真似してみたい…

古本即売会では人間模様をふとした瞬間に観察してしまう。
皆々集中している状態な為その人の〝クセ〟が無意識に表に出ていたり…

古本ウォッチング

古本市でついつい……
やってしまうこと
人が手にしている本をチラッとチェックしてしまう
何語!?
チラッ
アラビア語のような記号的文字が書かれた辞典のような本
時に驚いたり……
文庫版でしか知らなかった作品の初版単行本バージョン
単行本のデザインはあんな感じなんだ……
へえ——……
チラッ
時に学んだり……
ああ——ッ
あ、あ、あれはっ……もしかして……!?
うひ——っ
長年探してたタイトル!! 先越された——っ(涙)
時に悶えたり……

自分の欲しい本気になる本を持っている人の動向をさりげなく追ってしまい、「手放さないかしらん…」と念を送ってしまったり…

己の脚力が一番

自分にとって初めての古書即売会は、奈良県は橿原の近鉄百貨店で開催された古書まつりだった
催事場は6階だからエレベーターでビューンと行けば余裕だな… ヨシッ
ワクワク
エレベーター乗り場
しかしいざ乗り込んだもののの…
2階でございます
ハイハイ降りますよ～
各階停まりトラップ
3階でございます
…
ソレおかしいやん～
なー
ゾロゾロゾロ…
4階でございます
…
プルプル
あ、しもた！ボタン間違って押してしもーた
どんまいどんまい
はい
降ります降ります降ります降ります降ります降ります降り
5階でございます
もう我慢できん こりゃ
シビれをきかし途中下車
百貨店で開催される古書即売会参戦時では
痛恨の選択ミス！
キェーーーッ
階段を駆け上がる
「エレベーターは使うべからず」と学んだのであった

こうしてひとつひとつ実体験を経て究極の即売会ルートが完成するのである…

ハンティングテクニック
様々な置き方をされたテトリスコーナーにて
うわー……そそられるけど掘るのがかなり大変そうだな……
ゴクリ…
ガサゴソ
ガサガサ
さりげなく近寄る
すぃ
既に一足早く本の山を捜索している人
ふむふむ…
チラッ…チラッ…
選別後に積み上げられた本
トス…トス…
ザッザッ
みかん
古本漁りー……
あの……こちらの山、見てもよろしいですか…?
えっ?ああハイどうぞどうぞ
時には他力本願も有
みかん

こういった場合は自然体&さりげなさがポイントである。

古書市均一台合戦

均一棚とはその名の通り様々な本が同じ価格で売られている
こちらの本すべて
1冊200円
3冊500円
価格が事前に把握できている分、肩に力を入れずに楽しく探書出来るコーナーでもある
♪~
しかしリラックスして見れるからといって…ウカウカしてはいられない
ハッ…
イカン!!ここで時間をかけ過ぎたら他のブースがどんどん品薄になる…!!
大規模な古書市の場合時間配分が重要なのだ
皆々、同じ焦りがある為か、均一棚には常に凄まじい殺気が満ち満ちている…
1冊200円
3冊500円

続、古書市均一台合戦

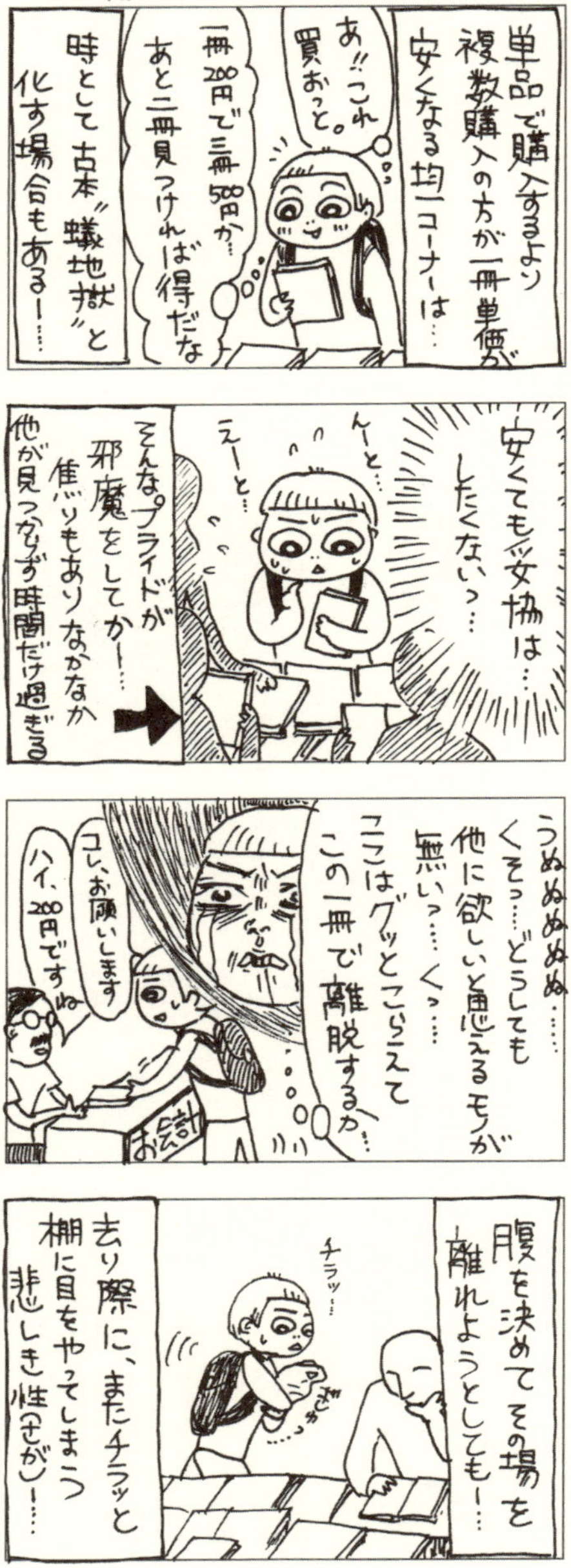
単品で購入するより複数購入の方が一冊単価が安くなる均一コーナーは…
あ!!これ買おっと。
一冊200円で三冊500円か…あと二冊見つければ得だな
時として古本"蟻地獄"と化す場合もある…
安くても妥協はしたくないっ…
んーと…
えーと…
そんなプライドが邪魔をしてか…焦りもありなかなか他が見つからず時間だけ過ぎる
うぬぬぬぬぬ…くそっ…どうしても他に欲しいと思えるモノが無いっ…くっ…
ここはグッとこらえてこの一冊で離脱するか…
コレ、お願いします
ハイ、200円ですね
お会計
腹を決めてその場を離れようとしても…
チラッ…
ざざっ
去り際に、またチラッと棚に目をやってしまう悲しき性(さが)…

自分が見逃しているだけでまだどこかにあるのかも…と均一台では常にうしろ髪ひかれ状態になる…

たかが古本市、されど古本市

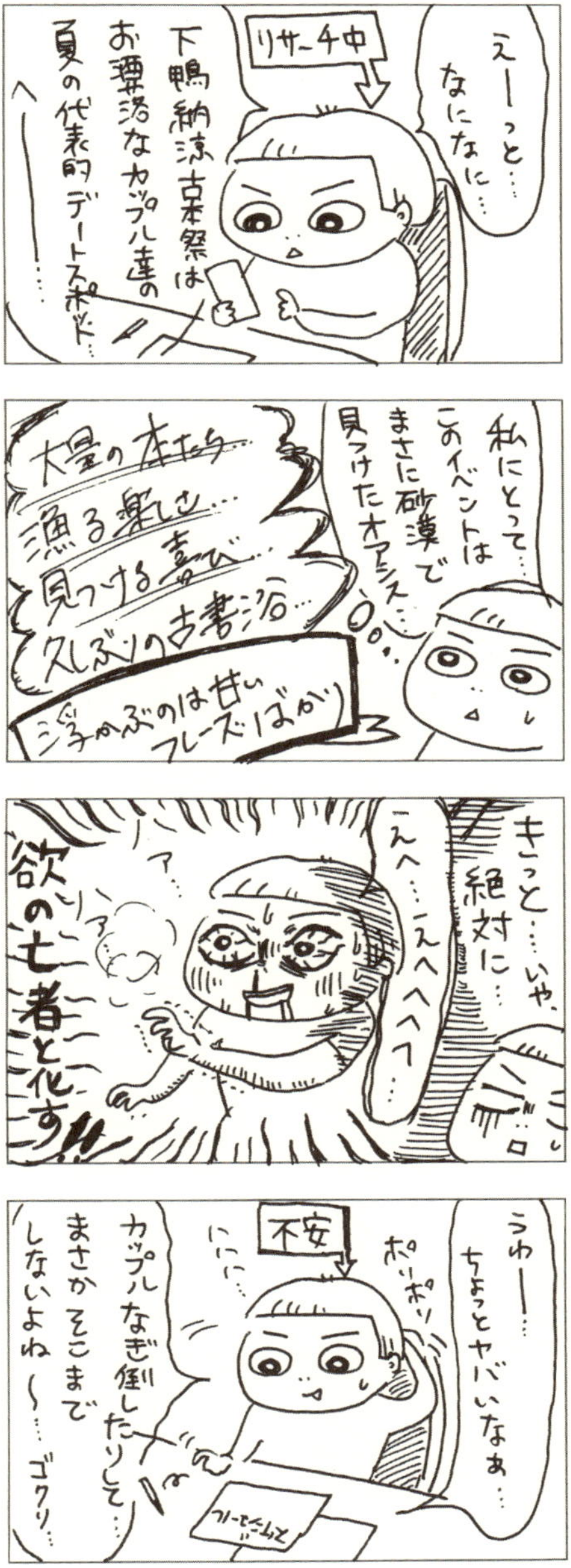
えーっと…なになに…
リサーチ中
下鴨納涼古本祭はお洒落なカップル達の夏の代表的デートスポット…
へー…
私にとってこのイベントはまさに砂漠で見つけたオアシス…
大量の本たち
漁る楽しさ…
見つける喜び…
久しぶりの古書浴…
浮かぶのは甘いフレーズばかり
きっと…絶対に…
いや、
えへ…えへへへへ…
ア…
欲の亡者と化す!!
ジロ
うわー…ちょっとヤバいなぁ…
ポリポリ
不安
にに…
カップルなぎ倒したりしてまさかそこまでしないよね〜…
ゴクリ…

「なぜそんなにも必死なのか」と聞かれても「そこに古本の山があるから」としか答えられない…登山家の方が言う「そこに山があるから登る」に近いのかもしれない。

均一ワゴン

古本に対してもともと親しみがあった幾つかの理由のひとつに〝値段の安さ〟が挙げられる。敷居の低さが探求心を増幅させてくれたり背中を押してくれたり間口を広くしてくれる。ある日古本屋にて何となく気になるなぁという一冊に出会ったとする。それが千円の値付けがされている場合と百円の値付けがされている場合で心持ちは大きく異なる。手に入る容易さは値段に繋がる。（ビビッと確信につく魅力を自分が瞬時に感じた時点で千円でも即決で購入するという場合も勿論あるが、ここではあくまで〝漠然となんとなく〟気になった本を対象とする。）

私が軒先の均一ワゴンや低単価な価格帯のみの棚がなにより大好きな理由は沢山のワクワクを気負いなく存分に吸収できる舞台だからだ。あらかじめ希少な物として把握されていたり明確に価値が見出されているものや素晴らしさや魅力が認知されているものにはそれ相応の価値、つまり値段が付けられている。反対に、付けられた値段が安かったとしても自分の感覚というフィルターを通して面白さや価値を見い出せた一冊はまさに自分にとっての〝掘り出し物〟になる。

〝安かろう悪かろう〟〝安い物には裏がある〟と一般的に買い物において耳にするマイナスフレーズだが、あらかじめ値段も中身も自分が直に確認して納得して手に入れる事がベースの我が古本道にはひとつとして当てはまらなかったのだ。例えば中に書き込みが有るが為に安値を付けられた一冊、自分にとってはその書き込みにユーモアや面白さを感じられたらそれも含めての価値になったりする。ボロボロになった表紙も時間の積み重なりの成せる形状という見方をすれば魅力的にも映ったりする。その人その人の捉え方で価値が無くなったり出たりもするのが古本の世界ならではの不思議で面白い点でもあるのだ。だから古本は飽きない、飽きさせてくれないぐらい己の感覚を楽しく忙しくさせる部分が常々盛り沢山だからだ。

五反田、南部古書会館の思ひ出

尽きぬため息

京都の古書市にて
あーっ
おっ!
来てたんですねっ
アハハハハ
ハハハハハ
そっちこそー!
古物愛好家仲間の先輩にバッタリ遭遇
いつからこっち来てたの?
私は昨日からです。
Nさんも?毎年ここの古本市参戦してるんですか?
いや、私はここ初めて
2日前に来て、神社やお寺巡りして… 今日帰るんだけどね…
Nさん
話しながらも本物色
朝からね嫁さんからさ、
"アンタ、どこほっつき歩いてんのさっさと帰って来いっ"って…
電話がわんわん鳴っててさ…
ハァ
帰るの… コワイなあって…
どよよ〜
あー……
気の利いた返しが浮かばない
このテの話は男性陣からよく耳にするが…
なんともせつなくなる…

学びの体験

下鴨古本市、開場の10時まで残り5分となった瞬間ーー……
そこはかとなく漂う緊張ムード。。。。
ザワ…
ザワ…
皆々、お目当ての各書店ブースにスタンバイ
そして開場!!!
ただいま10時となりました
一斉に目隠しシートをはがすお客さん達
ガサ ガサ
各店開店してください
響き渡るアナウンス
バサッ
ぎょっ
えっ…
お店の人がブルーシートはがしにくるのでは!?
い・いかんっ臆してはっ コレはこの市場の暗黙のルールなんや…!!
ふんっ
バサッ
戦いは既に始まっているのだっ…
数秒後、さも常連さん風の空気感を醸しつつ漁書に没頭したのであったー…
えっ・えっ・コレ大丈夫だよね? はがしちゃって?
いいんじゃない? 多分…
……
もくもく
心の声
あっ…同志がいた…ホッ

こうした暗黙のルールも実地体験で学ぶ古本漁り手法なのである。

必死

〝時間をいかに配分するか 大規模古書市では重要なキーワードだ〟
ヨシ!! とりあえず コレ買って 次のブース 見に行こ!!
よって無駄な時間は一分たりとも許せない緊迫した気持ちになる
コレ、お願いします。
ハイ、300円!!
ササササッ
はーい、ありがとうございまーす
お会計所
袋にいれますねー
あ、あれぇ…?
ごめんなさい、指のすべりが悪くて…
カサカサ
んっしょ…
んー?
ソワソワソワソワ
ムズムズムズ
早く早く早く早く…
あの、もういいです そのままいただくんで
フハー!!
くぅ〜 タイムロス!!
急げっ 急げっ
ダダダダダ
あっ…
ガシッ
カサササ
ありがとうございまーすっ

30秒のロスが命取りしかり掘り出し取り。古本市では秒単位のスピーディーさが良き1冊に出会えるか否かに繋がるのである。

駆け引き

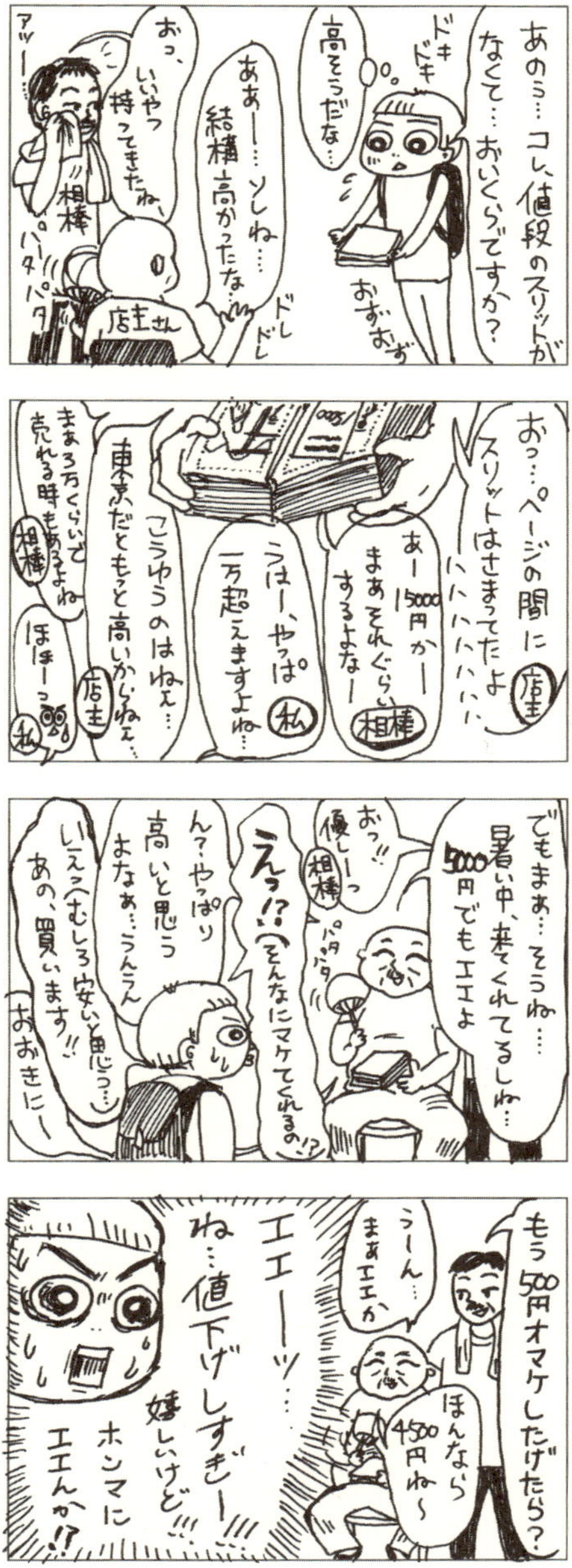
あのぅ… コレ、値段のスリットがなくて… おいくらですか？
ドキドキ
おずおず
高そうだな…
ああー… ソレね… 結構高かったな…
ドレドレ
おっ、いいやつ持ってきたね、
店主さん
相棒
パタパタ
アッツー…
おっ… ページの間にスリットはさまってたよ ハハハハハハ
店主
あー 15000円かー まあそれぐらいするよなー
相棒
うはー、やっぱ一万超えますよね…
私
こうゆうのはねぇ… 東京だともっと高いからねぇ…
店主
まぁ3万くらいで売れる時もあるよね
相棒
ほほーっ
私
でもまぁ… そうね… 暑い中、来てくれてるしね… 5000円でもエエよ
おっ!! 優しーっ
相棒
パタパタ
えっ!? (そんなにマケてくれるの!?)
んー？ やっぱり高いと思うよなぁ… うんうん
いえっ (むしろ安いと思う…) あの、買います!!
おおきにー
もう500円オマケしたげたら？
うーん… まあエエか
ほんなら4500円ね〜
エエーーッ…
ね…値下げしすぎーー!!!
嬉しいけど!!! ホンマにエエんかー!?

金銭感覚がもはや麻痺してしまうのも古本好きの宿命。

古本とキッズ

古本市にて
うぁ〜〜ん もう帰る帰る帰る帰るっ 帰る〜〜 ふぇ〜〜ん
しーっっ 静かにっっ ねっ
泣き叫ぶチルドレンを見かける事も多い
ちーちゃん、ちょっと待っててよー いい子だから ね、
いやだ!! 帰りたいっ
ヒック ヒック
アイス食べたい…
そうだよねぇ… キツいよね… 小ちゃい子には
うんうん わかる わかる…
ちーちゃん! がんばれ がんばれっ もうちょっとしたら きっと ママがアイス買ってくれるヨ〜
んばぁ〜
変顔
笑わせようと 精一杯励ましてるつもり
………
ビクッ
ギャーーッ
ち・ちーちゃん
がえるぅーっ
しまった…… 逆効果だった…
チーン

ここ最近の古本市ではよくチルドレンを見かけるようになった。絵本コーナーで本を愛でる小さい子たちは大人さながら真剣な表情だったり。

語り合いたい

下鴨古本市にて
おやっ？
へへへー!
ゴソゴソ
よ
ガサガサ
じゃーん!!
コレ!! ヤベーよ、100円!!
スゲーっしょ!!
俺なんかさー均一から拾ったよ
詩人の○○が新人時代に寄稿してた詩集なんだぜー!!
お互い話を聞いてるようで聞いておらず好き勝手に話しまくっている
ザワザワザワ
気がつけば…あっちでも
こっちでも戦利品自慢…
キョロキョロ
ああん…!!
わたしも…
ま・ざ・り・た・い……!!
ぎゅっ…
戦利品
ポワワ〜ン

戦利品レポートをしてまわりたい欲に駆られる、古本まつり。

奇跡

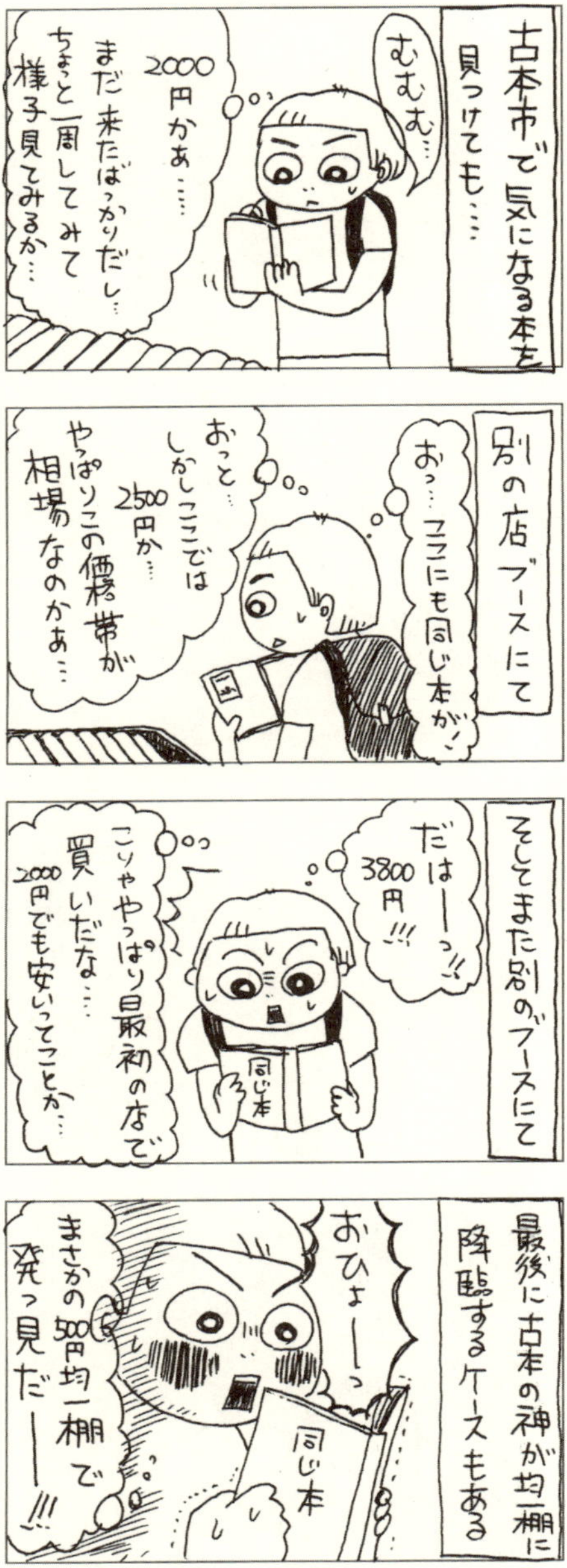
古本市で気になる本を見つけても…
むむむ…
2000円かあ…まだ来たばっかりだし…ちょっと一周してみて様子見てみるか…
別の店ブースにて
おっ…ココにも同じ本が!
おっと…しかしココでは2500円か…やっぱりココの価格帯が相場なのかあ…
そしてまた別のブースにて
だはーっ!! 3800円!!!
こりゃやっぱり最初の店で買いだな…2000円でも安いってことか…
同じ本
最後に古本の神が均一棚に降臨するケースもある
おひょーっ
まさかの500円均一棚で発っ見だーー!!!
同じ本

滅多に無いケースだが一度味わうと次も期待してしまう人間の性《さが》…

悔しい

ぷっはー♥♥
プルプル
買った買った♪
<財布の中身>
帰りの電車賃
+
500円
パカッ
まだ…
買える!!
ぐっ
その後
うわーっこの本面白い!!
ドキドキ
いくらだろ!?
頼む!! 500円以内であってくれー!!
ペラ
ペラペラペラ
600円
¥600
キィー

たかが100円されど100円…

古本乙女の妄想企画　その1　古書即売会や古本市での戦利品インタビュー

蒐集活動を経て沢山の人と知り合えて、同時に喜びを感じる事が出来た身としては、こんな事があればいいなこんな事もしたいなという妄想がフワフワと脳内を常に渦巻いている。

これは完全に自己満足リポートになりそうなのだが、毎回古書市に行くたびにうずうず感じてしまう欲求で（自分の漁書活動がひと段落して落ち着いた瞬間にハッと会場を見渡して沸き起こる）他人様が選ぶ本や選んだ背景や理由を知りたくなるのだ。なんだったら聞き取りした内容をまとめた冊子なんてのも作ってしまいたい。そうした興味や視点を持ったのは古書即売会でのあるやりとりがキッカケであった。

社会人になってから初めて参戦した京都はみやこめっせの春の古本まつり、張り切って開場前に到着。既に扉の前でたむろしている常連陣や玄人勢に混ざって待機することに。皆々、お目当ての本や目星をつけている本があるのか手には各書店の出品物が掲載されている古書目録が力強く握られていた。ついつい即売会の常連さん達の濃い会話にも聞き耳を立ててしまう。穏やかな空気ながらも既に闘いが始まっているかのような緊張感が開場前のロビーには漂っていた。やがて開門の数分前、扉を前にぞろぞろと散らばっていた人々が集まり始め、自分も思わず肩に力が入ってしまうくらいの無言の空気の圧力に身を包まれた。

扉が開いた瞬間と同時に自分の隣に立っていた先ほどまで杖を突いて静かに佇んでいた老紳士が杖を片

手に握りスタスタスタと軽快なリズムで私を颯爽と追い抜かして行った。老紳士の後姿を思わず目で追いながら前にフラフラと進んで行くと…広々とした空間にズラリと並ぶ古本、古本、古本…ハッと我に返り自分も負けじとすぐさま人の群れに紛れて無我夢中に漁書作業に勤しんだ。

数時間経過し、カゴも程よく重くなったタイミングで会計所へ向かった。凄い行列に圧倒されながら順番に並びレジまでの待ち時間にカゴの中の本の確認作業を行っていたところ、背後から「いい本ありましたか?」とふいに声が聞こえてきた。振り向くと両手に数冊を抱えた白髪に眼鏡のおじさんがニコニコしながら立っていた。ハンティング作業の後で興奮していたのもあり、意気揚々と「ええ、あり過ぎて会計が怖いです!　ははははは」とニヤニヤしながら答えた自分。おじさんはウンウンと頷き、自分の持っている本を撫でながら「嬉しいですよねぇ。私もずっと探していた本が見つかって今日は最高なんです。お互い良かったですねぇ」と喜びのお裾わけと言わんばかりの笑顔を向けてくれた。その際おじさんに見せていただいた本の記憶はもう忘れてしまったが(確か古い詩集だったような)喜びを共有したあの時のやり取りは今でも忘れられないくらい印象的だった。古本を選ぶ人、人に選ばれた古本、古本と人のドラマ(大袈裟な表現かもしれないが)、それぞれの背景や思いに興味が湧くようになった。

そんなわけで古書市や即売会で、漁書の御邪魔にならないように戦利品を手に嬉しそうな表情をされている古本好きにインタビューするシミュレーションを秘かに行っている今日この頃なのである。

古本舞踏会

熱気あふれる古書即売会では
おっと
ドンッ
よく人とぶつかる
あっ
大体はぶつかった後、お互い軽い会釈で"どーも、失礼しました"の意思表示でまた元の探書作業に戻る
ペコ
ペコリ
毎回このやり取りの瞬間に頭に流れる曲が
役所広司主演の映画「シャル・ウィ・ダンス」の主題歌……
探書作業はダンス競技に似ている
ペコ
ペコ

本を相手に真剣作業、マナーを守ったり相手に一瞬でも気を使ったりすればお互いが気持ちよく漁書に没頭できるのだ。

ぎくり……

熊本は鶴屋百貨店の催事場で開催されていた古書即売会を訪れた時
おとーさん!!
ちょっとおとーさんてば!!
会場脇のエスカレーター前にはベンチが設置されていて、そこに腰かけていた婦人が
声を荒げていた——…
ビクッ
おっおお…
※おとーさん
家にもあんだけまあ腐る程に本があるんにまぁーだ買うんかねっ!?
カーッ
ふざけなさんなよっ
いい加減にしぃよ!!!
その場に居る全員がギクッとしたように…
しぃ〜〜ん……
一瞬固まっていた——……
ハハ…ハハハ…

皆々、心当たりがあるのか漁書する指先がピタッと止まったのであった…

初めての洗礼 NO.1

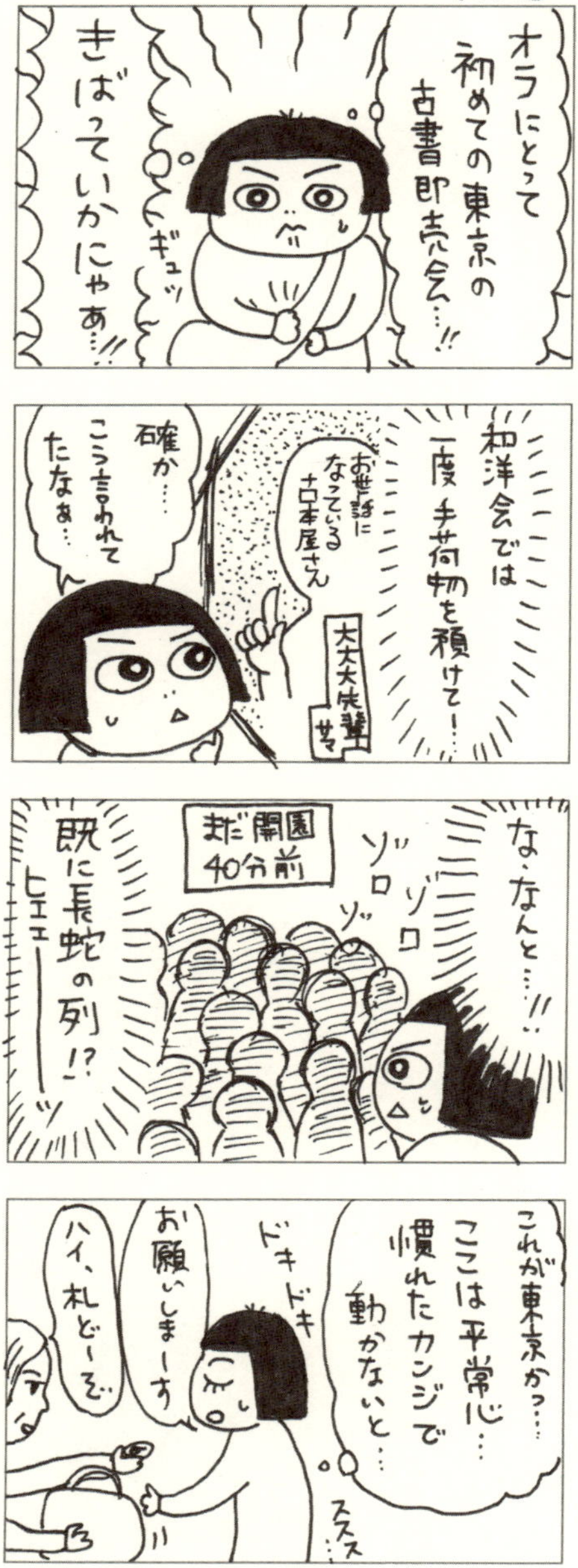

オラにとって初めての東京の古書即売会…!!
ギュッ
きばっていかにゃあ…!!
和洋会では一度手荷物を預けてー…
お世話になっている古本屋さん
大大大先輩 サマ
確か…
こう言われてたなぁ…
な・なんと…!!
まだ開園40分前
ゾロゾロ
ゾロゾッ
既に長蛇の列!?
ヒエェーーッ
これが東京かっ…
ここは平常心…
慣れたカンジで動かないと…
ススス…
ドキドキ
お願いしまーす
ハイ、札どーぞ

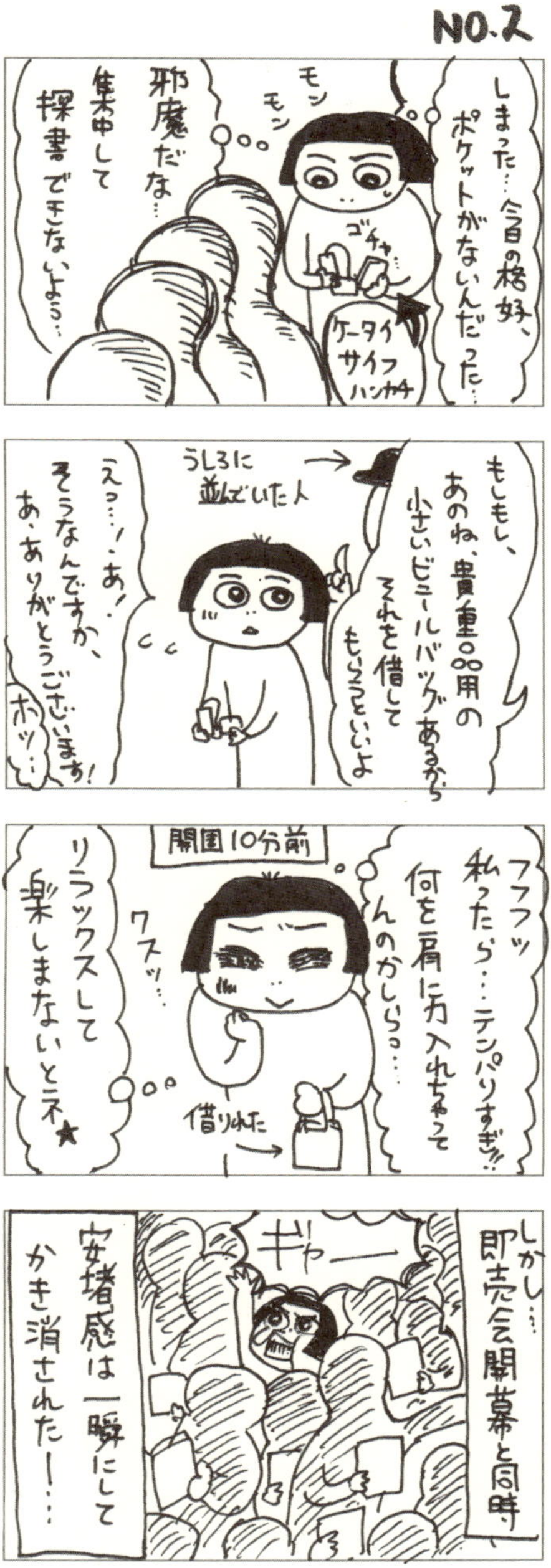
NO.2
しまった…今日の格好、ポケットがないんだった…
ゴチャ…
ケータイ
サイフ
ハンカチ
モン モン
邪魔だな…集中して探書できないよぅ…
もしもし、あのね、貴重品用の小さいビニールバッグあるから それを借してもらうといいよ
うしろに並んでいた人
えっ…!あ!そうなんですか、あ、ありがとうございます!
ホッ…
開園10分前
フフフッ 私ったら…テンパりすぎ!! 何を肩に力入れちゃってんのかしら…
ワスッ…
リラックスして楽しまないとネ★
借りれた
しかし…即売会開幕と同時
ギャー
安堵感は一瞬にしてかき消されたー…

「こ、これが東京か……!!」と全身でビリビリ感じた緊張感溢れる熱気。

いざ、出陣 NO.1

おおっ、いよいよスタートか!!
ドキドキ
お進みくださーい
ゾロゾロゾロ…
みな目ぼしをつけているお店の棚に前に行くから…人だかりの一画を目指したらいいんじゃない!…
古本屋さん
大大先輩サマ
エート…人が集まっているのは…ドコだドコだ
アセアセ
ダダダダダ!!!
あっ…あそこ…!?
ん?あそこも!!
オロオロ
アセアセ
く・くそぅ!!
見えん!!

NO.2

チッ
ドン
おうえっ
ヨロッ…
ぐぬぬぬぬぬ…
おのれ玄人勢め…!!
プルプル
ワシだって…
ワシだって
この日を楽しみにしてたんじゃ
フルフルフル
こんにゃろめっ
タタタタタタタッ
せいや!!
オラにも
見せてけろ~
ハァハァ
ぐぐぐぐぐ…
ゼィゼィ
体力と勢い勝負の即売会

「甘ちゃんはおととい来なさい」といわんばかりの洗礼をこの身をもって受けたのであった…

いずこも一緒

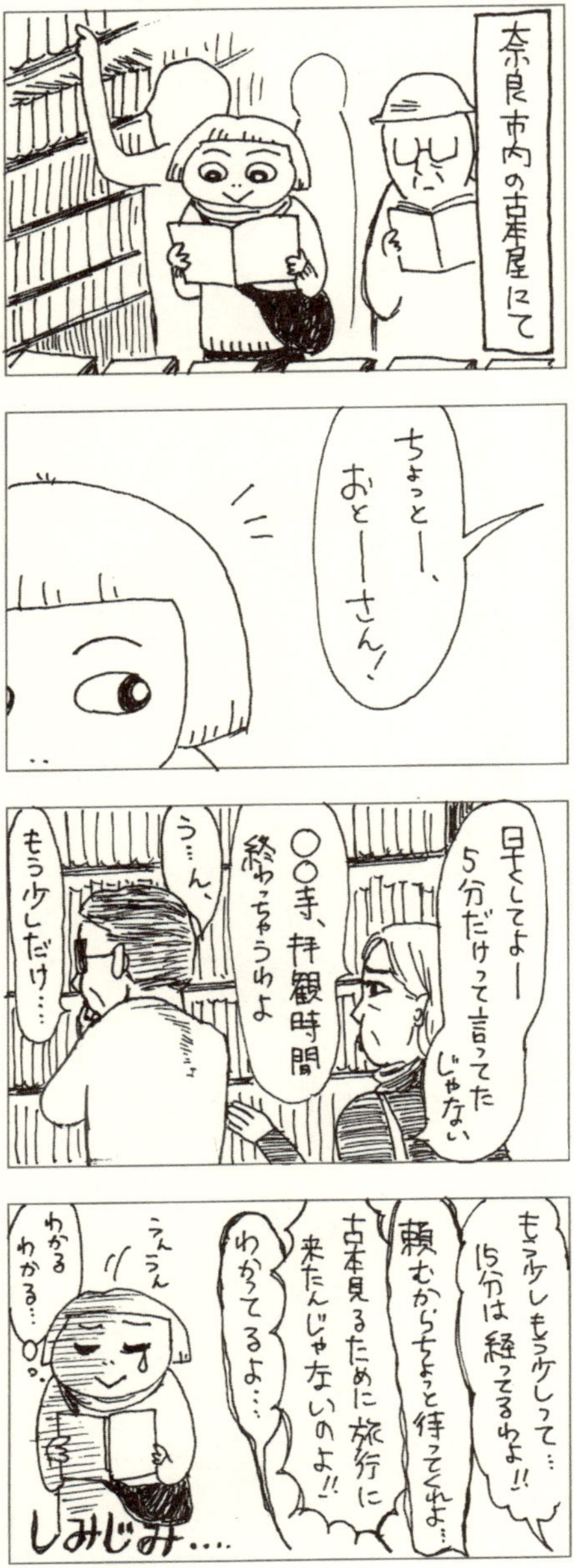
奈良市内の古本屋にて
ちょっとー、おとーーさん！
早くしてよー 5分だけって言ってたじゃない
○○寺、拝観時間終わっちゃうわよ
う…ん、
もう少しだけ…
もう少しもう少しって…15分は経ってるわよ!!
頼むからちょっと待ってくれよ…
古本見るために旅行に来たんじゃないのよ!!
わかってるよ…
うんうん
わかるわかる…
しみじみ….

観光地の古本屋でたびたび遭遇する風景　お互いの言い分や気持ちもわかるのでついついうなずいてしまう。

縄張り争い

天牛書店（天神橋）の
店先の均一棚で
古本
よく起こっていた出来事
いつ訪れても毎回
ひとだかりの均一棚…
指で背表紙をなぞりながら物色
ジー……
あっ!! コレっ!! ヤッター!!
♪
「キャバレーの文化史 上巻」
スッ
あぁー、
ちょっとちょっとー
はいはーい ごめんなさーい
乱雑に置かれた平積み本
コレ、こっちが先に見つけて
置いてる分だから
ナニ触ってんだコノヤローの顔
サッ
……すみません
だったら手に持っとけよなー…
欲しい本がブッキング

ロマンスが生まれる場所

本屋を舞台にした映画が好きだ
自分のお気に入りの映画は……
"ユーガットメール"
"ノッティングヒルの恋人"
"恋に落ちて"
"珈琲時光"
etc…
書店が登場する映画のシーンがついつい一番印象に残るのダ
ウフフフ
スクリーンの中の書店はロマンチックで
男女の出会いの舞台として使われる事も多い
NYで絵本の店を営む女主人キャスリーン
演じるメグライアンのキュートさ…!!!
1998年のアメリカ映画「ユー・ガット・メール」
本のある空間…!! すれ違う男女…!!
見つめる先は本でなくあの人の横顔…!! なーんて。
しかし…
実際は、こう。
ゴゴゴゴゴ…
まさに…合戦の舞台

同じ本に指と指が重ね触れあった瞬間…そこに生まれるのはトキメキではなくほとばしる火花である…

ある日のブックオフ NO.1

いらっしゃいませー
あっ、また来た!
トコトコ
いらっしゃいませー
ホントだ。おとといも来てたよね アノ人…
リリ
うわー、また あの変な本置いてる棚のトコに居るよ
めっちゃ真剣に見てるし ウケる(笑)
じーー
なに?あの人って、セドラーなの?
みてみて、同じ姿勢だったからシビれたんだろねー
ブンブン
ふー
トントン
ほぐしてる、ほぐしてる(笑)
いつの間にめっちゃカゴに本入ってるし!よくあの重さかかえて店内見てまわれるよね…
ヨタヨタ
プルプル
重心が傾いとる(笑)

NO.2
あ!!はじまった!!
カゴ2刀使い!!
もくもくもく
ポイ
ポイ
あれって最終チェックだよね
いる本といらない本の
ぷっ…
悩んでる悩んでる
つーかあの量選んでるんだ
……
ちょっとくらいガマンしろよ(笑)
あ!シーッ!!
終わったみたい。
くるよ くるよ
ヨロ
ヨロ
今回どんな本買ってんだろーね
いらっしゃいませーっ
おねがいしまーす
ドン
フー…
ポイントカードはお持ちですかー?
あ、ハイ 持ってます

「いらっしゃいませ」から「こんにちは」に変化すると、店員間で何かしら自分のあだ名が出来ているのではと、想像してしまう。

無言のプレッシャー

個人経営の古本屋にて
時々起こるケース
うー… 表紙の雰囲気は めちゃくちゃ好みだけど… 肝心の中身が見れないと なると… 500円だしな…
よしっ ここは中を 確認させてもらおう!
ビニールで 覆われている本↑
あのう、これ中身を 確認させていただくことって できますか…?
おずおず…
ススッ…
…本当はお断わりしてるん ですけど…
エッ!! あ、すみません。
まあ… いいですよ… 今回だけ…
ほんと…すみません…
ドキドキドキドキ
……
ピリッ…ピリ…
カサカサ
ああーっ…どうしよう… 中身…微妙だっ… 好みじゃないっ…
…
でも…断われないこの空気… どどどどうしようっ
無言のプレッシャー
……

この空気で幾度となく妥協して購入…お店の方の袋詰めの手間を考えると「エーイ!! 買ってしまえ!」となるのだ。

古本との愛を育んだ関西時代

大学時代から社会人４年目まで奈良に住んでいた頃は交通の便が良い立地が拠点だったこともあり狂ったようにほぼ毎日古本屋に通っていた。（今は古本屋や古本市が少ない地を拠点にしているのもあり、ペースが落ち隠居生活のように感じる）

当時の職場は大阪梅田の中心部、朝は通勤経路で下車する環状線鶴橋駅のブックオフ（ここ、店内入口にＪＲ自動改札機がある珍しい仕様のお店なのだ）を乗り継ぎの15分の合間にサササーッと眺める。話はいきなり折れるが、私は前もって計画的に行動するという規則正しい精神を持ち合わせていない怠惰的人間にも関わらず、毎朝一本早めの電車に乗りこの日課を電車の遅延や事故が起こった日を除いて雨の日も風の日も継続した。遅刻の恐怖よりこの朝の漁書タイムを作る為に頑張れたのだ。（鼻を膨らましながらこの文章を書いているけども、社会人としてその姿勢どうよ？　という御言葉が天から降り注ぐような…）

そうした朝のタイトな漁書タイムに掘り出し物に遭遇する事も決して多くはないがそれでも何度かあった。それが一冊や二冊の話だったら良いが、大判の画集やハードカバー五冊など鞄に入れると嵩張るかはみ出るレベルになると職場には持っていけないからだ。職場の私物置き場は棚の上に荷物を置く開放的スタイルでいわば他の同僚に丸見え状態。その為、以前特に意識もせずに戦利品を数冊鞄に詰め込んで出社した際、買った本がたまたま鞄からチラリと顔を出していたのが災難となり苦くて面倒かつ切ない思いをした事があったのだ。それ以来、注意するようになった。その時に顔を覗かせていた本がつげ義春特集の年季の入った保存状態の『ガロ』と『図説異端の宗教書〜禁断の書物が描く異界と魔界のすべて〜』という取り合わせだったのもツイてなかったのかも…（古本なんて汚いし何が良いのかさっぱり理解出来ないというごくごく一般的な認識（?）を持った古本とは無縁の女性が取り巻く職場空間という事も関係したのだと思う。それにしても古本を忌み嫌う人種の存在を目の当たりにした貴重な体験でもあったナと…今では学びの経験として捉えている）

ブックオフでは事情を話すと快く購入本を預かってくれるのでこの問題も早急爽快に解決したのだった。

お次は、仕事の昼休憩時間。菓子パンをムシャリムシャリと3分で噛み流し込み、走って環状線に飛び乗り天満駅で下車。長い長い天神橋筋商店街を競歩選手並みの早歩きで前進。人混みをひょういひょいっと身を躱しながら険しい表情で歩く姿は何かに取り憑かれたのかコイツは…と人の目には映っていたに違いない。（仕事柄、奇抜なユニフォームなのに加え髪型も当時は頭部を半分刈り込んでいるもう何だか話しかけてはいけない奇天烈人みたいな出で立ちだったので尚更…）天神橋筋界隈は私が改めて説明するまでもなく古書店が点在する大阪の名物街道である。昼の休憩時間配分が60分に対して食事と歯磨き時間を猛スピードで済ませて5分、往復の移動時間（電車＋徒歩）を30分に見積もったとして古本屋の滞在時間は25分。この25分が人によっては十分に事足りるかあるいは別の人にとってはとてもじゃないが足りないと感じるかの違いが出ると思われるが私の場合は間違いなく後者で、とんでもなく、かなり、非常に、タイトで集中力が求められる過酷な状況なのだ。おまけに行き来の移動で息も切れるし汗だくになる上に急ぐあまり太ももの筋肉がヒクヒクしたり。限られた時間内で漁書することほど緊張感と恍惚の狭間で揺れ動いて精神が揺さ振られる事はない。分かりやすく表現すると美味しいケーキを食べている間に便意が襲いかかってきているような複雑な状態である。(なんだか表現方法がイマイチ品がないのが申し訳ない…)そしてリスクを背負って赴いたとしても一冊も当たりの無い日もザラにある。でもなぜだろう、それでも行かずにはおれないのである。「まだ見ぬ掘り出し物がそこに佇んでいたらどうしよう、迎えにいってあげないと」という母性本能が発動しているかのように。

限られた時間内で訪れていたのは主に天牛書店だ。天満駅から天神橋筋商店街を真っすぐ突き進み横断歩道を渡ってしばらくしてから目線の先には古本と書かれた置き看板と均一棚ワゴン、この二つが見えると童心に返り小走りでゴールイン。どの古本屋においても私はまず均一棚をチェックしてから入店する派なのだが、天牛書店の均一棚はそうは問屋が卸さない状況が当たり前、毎回先客が陣地を押さえている状態で隙間取り合戦が繰り広げられているのだ。(回転率が至極早いようで毎回新鮮な顔触れになっていてかなりの確率で琴線に触れる本が見つかるのは私だけでなく皆々さんも同じくなのだなぁと感心する光景でもある）先人の方々の肩や脇の隙間から、柔軟な動きをもってワゴンに並ぶ背表紙を遠巻きから確認、〆にワゴン下に積まれた子たちもチェック（毎回、この情景を後ろから観察したらかなり滑稽な絵になるんだろうな…なんて想像しながら己の感ずるまま欲望のまま動いている）そしてお次は店内へ。

毎度盛況の店内を軽快なステップで棚から棚へと移動して見てまわる。次から次へと欲しい本が見つかっても安心だ。天牛書店では会計時に伝えれば配送対応もしてくれるのだ。

初めて配送をお願いした際にその仕事の質には感動してしまった。店名入りの箱の蓋を開けた瞬間に思わず「うはぁ…」と誕生日プレゼントを受け取ったかのような気持ちにしてくれる梱包なのだ。店名が印刷された包装紙にピッチリ綺麗に包まれた本たち、サイズや分厚さを考慮した上で本同士がぶつかり合わぬように配慮した細やかな気配り、随所にそこはかとない美学を感じさせる収納構成なのだ…、この快感を得たいが為に、配送してもらいたいが為に、毎回がむしゃらに本のハントに勤しんだ。

（そして他所で購入した古本達も快く笑顔で同包を受けてくださる懐の深さ…）

こうした整った狩場（古本の）が近場にあったおかげで日々余すところなく安定して古本浴を堪能することが出来たのであった。

ちょっとした嬉しさ

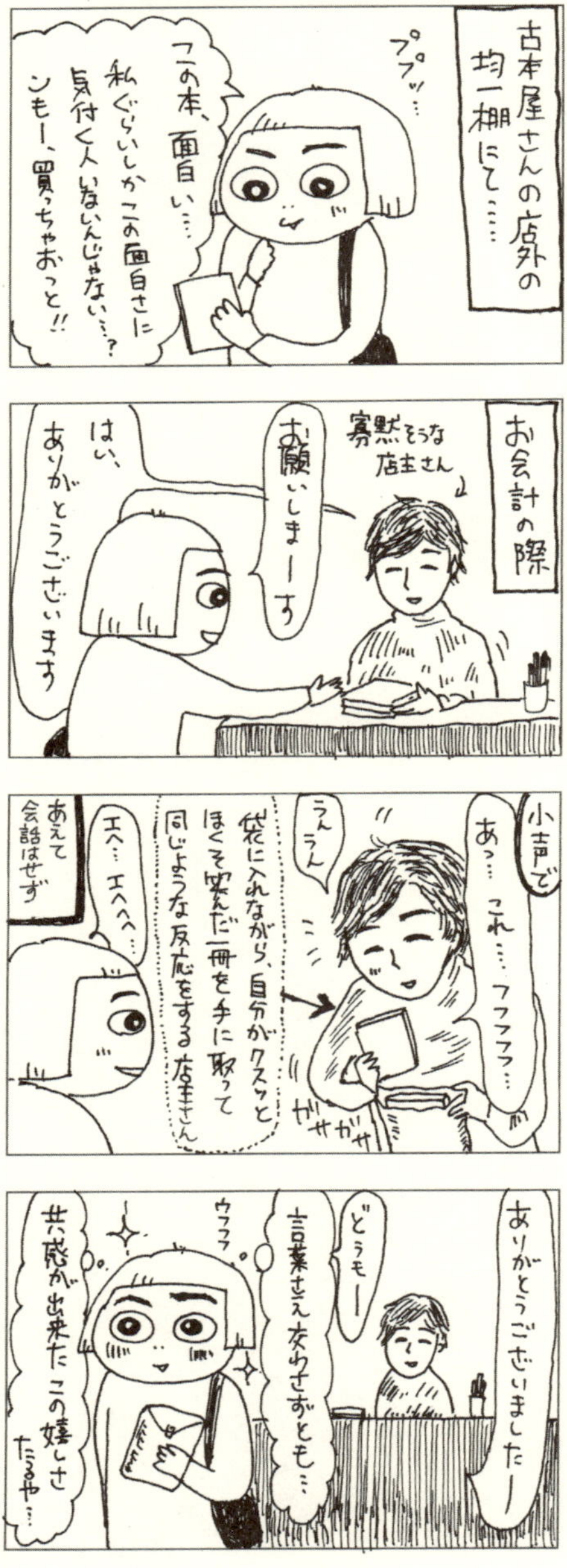
古本屋さんの店外の均一棚にて……
ププッ…
この本、面白い……
私ぐらいしかこの面白さに気付く人いないんじゃない…？
ンもー、買っちゃおっと!!
お会計の際
寡黙そうな店主さん
お願いしまーす
はい、ありがとうございます
小声で
あっ…これ…フフフフフ…
うんうん
ガサガサ
袋に入れながら、自分がクスッとほくそ笑んだ一冊を手に取って同じような反応をする店主さん
エヘ…エヘヘヘ…
あえて会話はせず
ありがとうございましたー
どうもー
言葉さえ交わさずとも…
ウフフフ
共感が出来たこの嬉しさたるや…

ネット購入では味わえないささやかな感動。共感、共有ってやっぱり心地良い。

珍竹林探訪

古本の寝床状態
うはーーーッ!!
フハー!! コレくださいっ!!
ホコリまみれ
ハイハーイ
ドサッ
ペラ ペラ
はぁ〜っ!! まだまだ見足りないです。丸一日は居れますねぇ…!! 興奮してしまって!!
こーんな汚ない場所にある汚ない本で楽しい嬉しいなんて変人だねー あーっはっはっは〜
……
ちーん
そっスか…
いちにいさんし…
ぜんぶで スーっと… 3800円 です

「珍竹林」とは福岡は北九州市に存在する古書店。倉庫のような店内は古本天国蟻地獄ワールド。

修学旅行

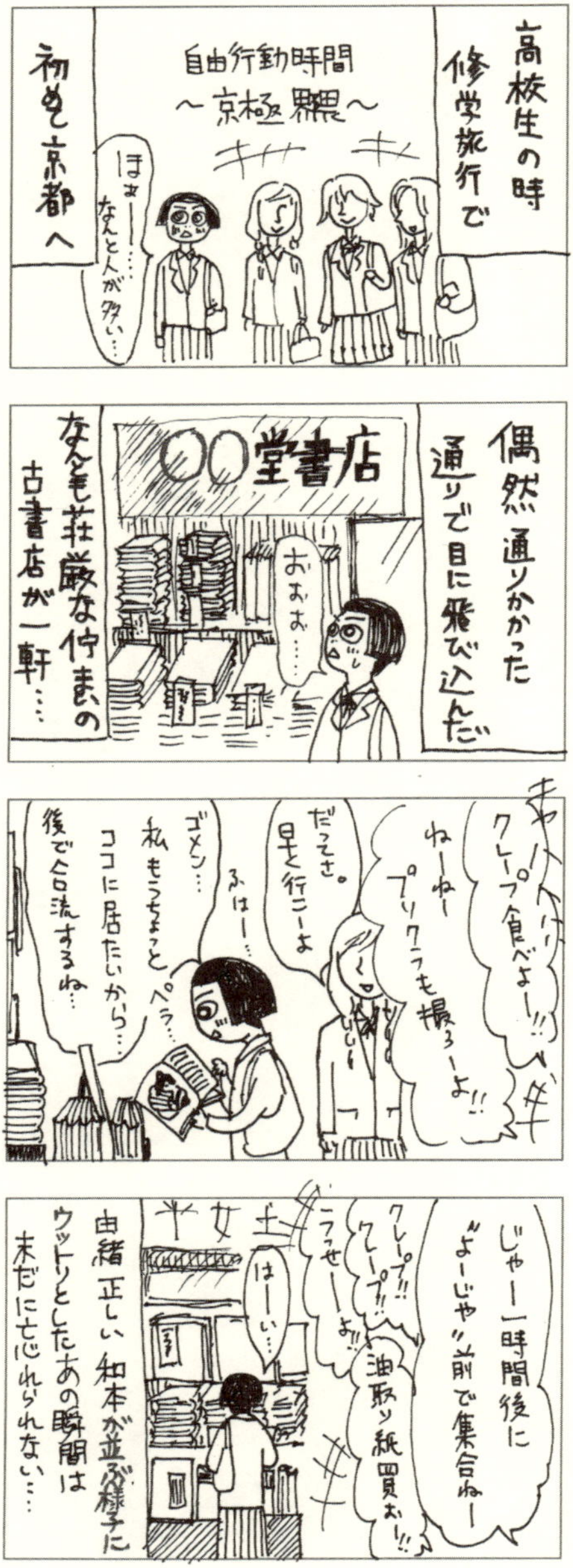
高校生の時
修学旅行で
自由行動時間
～京極界隈～
キャー
キャー
ほぉー…
なんと人が多い…
初めて京都へ
偶然通りかかった
通りで目に飛び込んだ
○○堂書店
おぉぉ……
なんとも荘厳な佇まいの
古書店が一軒…
クレープ食べよー!!
ねーねー
プリクラも撮ろーよ!!
だってさ。
早く行こーよ
ふはー…
ペラ…
ゴメン…
私もうちょっと
ココに居たいから…
後で合流するね…
じゃー一時間後に
"よーじや"前で集合ねー
油取り紙買おー!!
クレープ!!
クレープ!!
はーい…
由緒正しい和本が並ぶ様子に
ウットリとしたあの瞬間は
未だに忘れられない…

高校時代はこれで古本何冊買えるだろう…とくちびるをかみながら友情の儀であるプリクラ撮影（1回400円）に参加していた。

悲鳴

骨董市にて…
無我夢中….
露店の片隅で古書や紙物の入った段ボールを漁る
カサカサ…
ゴソゴソ…
みかん
アー…大漁大漁…
おじさーん これ、全部お願いしまーす
はいよー
店主のおぢさん
USA
いくらですか?
その前に、ネーちゃん ホイッ 濡れティッシュ!!
手と顔、ふいたほうがエエよ
あ、ありがとうございます
ん?顔も?
ふきふき…
ギャーーッ!!!
顔をふいた瞬間、一面真っ黒になったウェットティッシュ
ハハハハハーッ
おぢさん
きったね

幾多あま多の古書漁りで菌に強い生命力たくましい耐性が培われている。

ドキドキ電話

郊外や町の古本屋は情報が少ない為、ネットで調べても不定休と記載されているミステリアスなケースも多い…
うーん…
古書〇〇
所在地 □□□□□□□ □□
電話番号 〇〇〇-〇〇〇〇
店休日 不定休
営業時間（空欄）
携帯画面
もはやお店自体が存在しているのかすらわからない場合は現地に訪ねる前に必ず電話をするようにしている
ドキドキ
出るかな…？
トルゥルルゥルゥ…
ガチャッ
はい？
おばあちゃんの声
あっ、あのっお尋ねしたいのですが…
本日、お店に行かせていただきたいのですが…今日は営業されてますか…？
…うちに？来るので？
まぁ開けれることには…まぁ…開けれるけど…
今、店やってないのね うち
あー…そうですか…残念…
年寄りふたりっきりだからさ、じーさんもボケてるし私もね静かにお迎え待ってるわけよー
ア・アハハハハ…（笑うしかない）
それにうちに来たってロクな本ないんだから～やめといた方がいいよね、それじゃね
プツッ
ツー ツー ツー…
あっ。
え
は――イ…
“いつまでもお元気で”という言葉を宙に放ったのであった…（本当にあった話）

さりげないアピール

屋外に均一ワゴンがある古本屋の場合
どれどれ…
ジーーー
ふむふむ…
百円均一
まず均一コーナーをチェック後店内を見るパターンがほとんど
そして店内にて好みの本を数冊ピックアップした後、
この作者…
うーむ…
別のシリーズでたしか均一コーナーで見たような…
ポリポリ
再び外の均一ワゴンをチェックしたくなるケースが起こったりする…
手にしている本の購入が確定している場合は――…
あの…これは買う分なのでここ置かせてください
ちょっともう一回均一ワゴン見てきますんで
ハイハイどーぞ
店主さん
と、言えるが。まだ決断がくだせずに考えあぐねている場合は…
"万引き""持ち逃げ"なんてしませんアピールにひたすら気を注いで屋外に出る
ささやくような独り言
よーっし、もういっちょ均一見るかあ〜
よしっ
んー…
ドキドキ
古書即売会 ○○ホール
店主さん

店主さんの笑顔

寝屋川の金箔書房さんにて
ヒョホー!! こりゃ掘り出し本だ!!
パァアアッ
ん?
コレやねん、ずーっと探しとったんやー!!
でも書き込みあるやん～
せやねんけどなー
書き込みはしゃーないとしても問題は値段やねん!! 200円やねん。
コレが100円やったら買うねんけど
大声
図書館で探せば?
つーかタダやん それやったら
……
店主さん
もう絶句状態の人
プルプル
ほな行こーやー
外暑いしイヤやわー
ハイ、おおきにー
またおねがいしますー
……なんて穏やかで優しい表情と声
ああっ…自分は……
なんて…なんて…
器のちっさい女やっ…
あんな綿あめみたいな……笑顔には……なれない!!
キュッ

優しさを強要 No.1

レッグ書房
古書
トコトコ
小倉のレッグ書房、静かな店主さんが座っておられる……
……
こんにちはー……
古書買取
訪れると必ず好みの一冊が見つかる一軒
この本、買おう……
あのう… コレ、ください
はい…… えーっと… 250円ね

NO.2
あっ……
パカッ
一万円札
1枚と…
百円玉2枚と…
十円玉4枚…
あ、あ…
あのう……
ドキドキドキ
?
両方差し出す
プルプル
……
スッ……
プルプル
10,000
一万円札
240円
あー…はいはい…
うおー!!!
すみませーん!!!
ぐはーっ
ハハハハハ……
240円でいいよいいよ

古書店の店主さんはふところの広い優しい方が多いのだ…

店主さんの醸す空気
こんにちはー
カラカラ…
……しゃいませ…
……
コチコチコチ
シュンシュン
絵葉書100円
古書
カラカラカラ
ありがとうございましたー
……いました…
ああ…すごいっ…毎週通っているのに
縮まらない距離感っ!!
とても落ち着く…!!
無になれるひと時だ…
BOOK

ソッとしておいてくれる安心感は時としてどんなサービスよりも嬉しい時がある。

買う人様々

一箱古本市に
初めて参加した時
第1回〇〇ブックマルシェ
ドキドキ… ワクワク……
いらっしゃいませ～
エヘ… エヘヘヘヘ
近所に住むおばあちゃん
ほぉー、これぁおもしろいねぇ みーんな珍らしい格好しとる
海外の奇抜なストリートスナップを集めたファッション冊子
くーん
かわいい…おばあちゃんと犬…
ほいじゃ、コレ買うとくわ
はい
小学3年生くらいの男の子
じーー
はい、どうもありがとうございます！
♪～
あの…これください
横尾かずお「おうち」文庫版まんが
スッ
はい、ありがとう

売り手になることで〝本は自由だ〟としみじみ感じたのであった。

静かに興奮

お世話になっている古本屋さんにお誘いいただき…
あわわわわ…
自分のブース
ワゴン2台分
ドキドキ
プロの古本屋さん陣と共に古書即売会に出店させていただいたイベントにて
コレ、お願いします
は、はいっ
ありがとうございます
古本
お店番(レジ)も交代制で参加させてもらう▲
あ…この本、私の棚のだ…
しかも…この2冊をチョイスするなんて…
ドキン…
森茉莉 贅沢貧乏
植草甚一 古本とジャズ
自分が大好きな作家の著書
あああっ…一緒に語り合いたいっ
共感し合いたいっ この本についてっ
ありがとうございました…
どうもー
30代くらいのおネーさん
嬉しいですっ

古本の魅力

古本の魅力とは何だろうと、としみじみ考える。私にとって本は私自身の〝言葉であり声である〟に近いのかもしれない。本は言葉が多くなくとも上手くなくとも、本自身が表現や代弁をしてくれる。私は喋ることは表面上はそれなりに得意だが自分の気持ちや考えを相手に的確に分かりやすく説明する作業はとても苦手だ。自分の思うように100％意思が相手に伝わり好きなように意見が通るなんてスムーズなやり取りが出来るケースは稀だ。

年齢を重ねていくと共に様々な人々と出会い対面する事も増える。人と関わるからこそ物事がより刺激的になったり感動を味わう事もできる。だがその半面、複雑になったり反発も生じたりもする。複雑さや徒労を味わう回数が増えるにつれて、その煩わしさから離れたくて己の内の殻に閉じ籠ろうとするようになっていった時期もあった。

やがて私の胸の中には、人は面倒だが本は自分がどう接しようと感じようとも自由だ、人は時として自分を傷付けたり掻き回したりするが本は裏切らない上に常に居心地が良い存在、だから大好きだという何とも寂しく意固地な考え方が染みついてしまったのであった。

小学生の頃から孤独こそ最高の友と唱え、生身の人間と好んで交流もせずに、静かに楽しんできた古本漁り。その姿勢を劇的に変えたのがSNSであった。もともとアナログな性根という部分もあって、ツイッターに出会ったのも20代前半の時だった。それまで花の20代といえど私の周りに咲き誇るのは甘いスイーツでもお洒落な交友関係でもなく埃臭い古本の枯れ花のみ…。

SNSは購入した古本や自分の意見の備忘録もかねてチマチマと独り言感覚で投稿をしていったのがスタートだった。ところが思いもかけずSNSを通して自分と同じ古本好きの存在を知った喜び、知らない知識や情報を親切に教えていただいた時の感謝の気持ち、他人の戦利品や掘り出し物奇譚を知った時の興奮、自分の好きな一冊に対して共鳴して貰えた時の感動、一人だと味わえない幸福感を沢山分けてもらえたのだった。古本趣味は独りでも楽しい、そして古本好きの人と交流するとまた一味違った楽しさを味わえる。こうしてこれまで私を支配していた寂しく意固地な考え方はいつの間にかどこかへ飛び散っていったのだった。

華麗なる手さばき

古本市準備、棚作りの時
アセアセ
あわわわ
オロオロ
うわぁし…どうしよう。うまくレイアウトできないよう…
スッ
う〜ん…
……とにかくまずは本と本の形を整えること
棚に全て本を収めてから初めてレイアウトが出来るんですよ
こうやってね…
ササササ
ススス…
あ.あ.あ 大ベテランの○○書店さんっ まぶしいっ…
ドキン
ドキン
粋
本を並べている作業は知的に映りますが…
その実 当の本人の頭の中はなーんにも考えてないという…
ハハハハ……
トントン
はうあっ
ズキューン

古書店主さんってやっぱりすごい……！！　と手さばきを見て感じたのであった。

運命の出会い NO.1

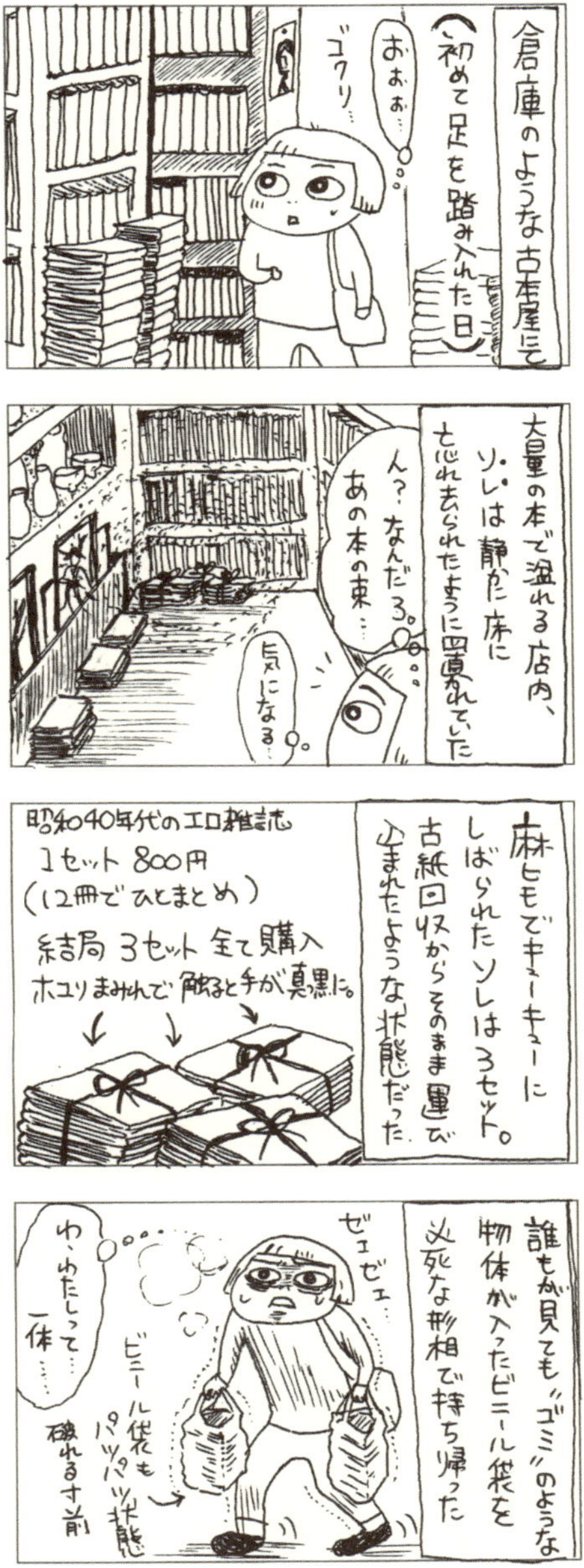
倉庫のような古本屋にて
(初めて足を踏み入れた日)
おぉぉ…
ゴクリ…
大量の本で溢れる店内、
ソレは静かに床に
忘れ去られたように置かれていた
ん? なんだろ。
あの本の束…
気になる…
麻ヒモでキューキューに
しばられたソレは3セット。
古紙回収からそのまま運び
込まれたような状態だった。
昭和40年代のエロ雑誌
1セット 800円
(12冊でひとまとめ)
結局 3セット 全て購入
ホコリまみれで触ると手が真黒に。
誰もが見ても"ゴミ"のような
物体が入ったビニール袋を
必死な形相で持ち帰った
ゼェゼェ…
わ、わたしって
一体……
ビニール袋もパツパツ状態
破れる寸前

No.2
帰宅後、早速本のクリーニングと中身確認
うっぷ
ゴホッ
ゴホッ
汚れ取りセット
こりゃマスクしなきゃな すごいホコリだ…
本のクリーニングに意識が傾きかけたその瞬間、開いたページが目に入った
ワナワナ…
フォオオ…っ
こ・これはっ…
すごいっ
週刊特報
プルプル…
目の前に広がるのは "エロフレーズ""エロフォント" "エロユーモア""エロデザイン" エネルギッシュな昭和の時代を凝縮した世界だった
アッ!!
読者のチン難手記
エロメロなオンナ
下のアイツ
ほるの川柳考
"ゴミのような本の束"は自分にとってまさに"お宝"だったのである。
わっこれも面白いっ
こっちも!!
おおーっこれも!!
全部素晴しいっ
バババッ
新たな収集分野を発見し、以降、取り憑かれたように探索するようになった…!

私と昭和お色気雑誌との出会い。

よくある気まずさ

古本屋にて
うーん…表紙はイイけど…
物色中
値段もビミョウに高いし中身によっては見送る…だな
ビニール封のされた昭和のエロス雑誌
あのう…中を確認させていただきたいんですが…
ドキドキ
はい、大丈夫ですよー
どの本ですかー?
男性店員
…この本デス
あ゛あ゛あ゛あ゛
エロ本
…はい!
あーはい! 大丈夫ですよーっ
男性店員
へへへへ
すいません すいませ すいま す
スッ…
このいたたまれない空気
プルプル
あうううう
ちょーっと お待ちください
ピリピリピリ

店員さんが親切な方だと余計気を使わせて申し訳ない気分になる…

密室内での出来事

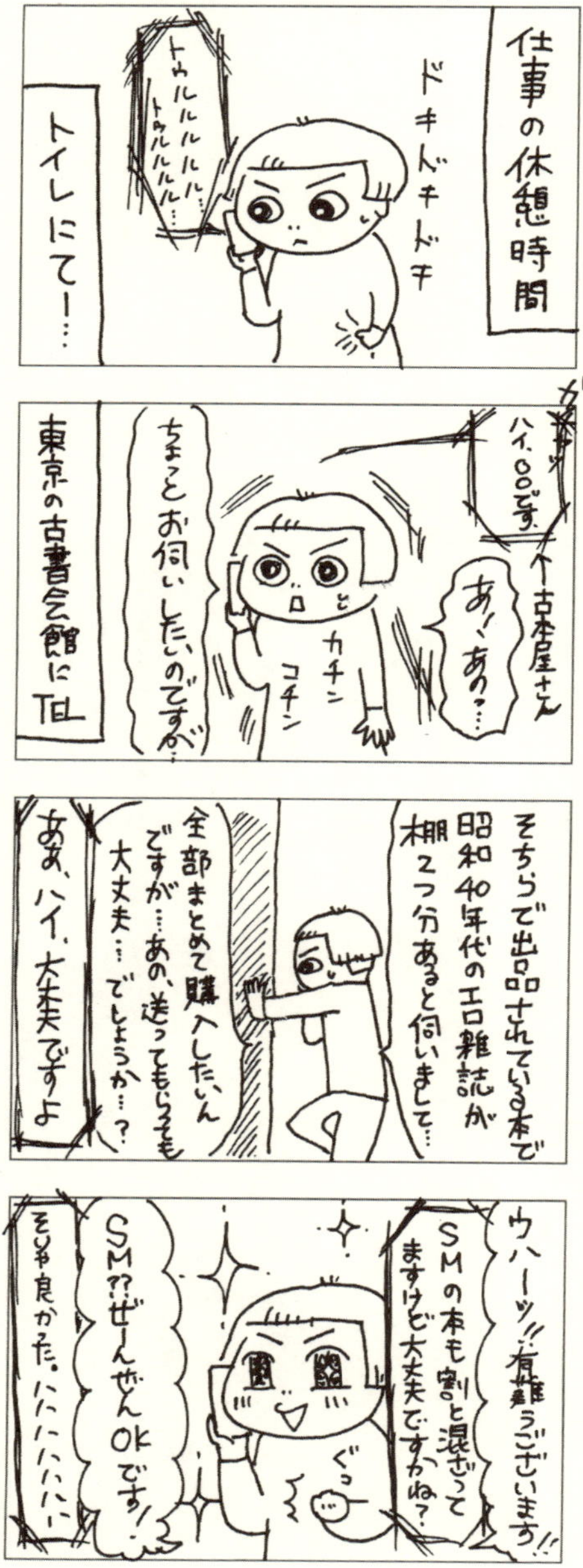

仕事の休憩時間
ドキんドキドキ
トゥルルルル…
トゥルルルル…
トイレにてー…
ガチャ
ハイ、○○です。
↑古本屋さん
あ!、あのォ…
カチンコチン
ちょっとお伺いしたいのですが…
東京の古書会館にTEL
そちらで出品されている本で昭和40年代のエロ雑誌が棚2つ分あると伺いまして…
全部まとめて購入したいんですが…あの、送ってもらえても大丈夫…でしょうか…?
ああ、ハイ、大丈夫ですよ
ウハーッ!! 有難うございます!!
SMの本も割と混ざってますけど大丈夫ですかね?
ぐっ
ぜーんぜんOKです!
そりゃ良かった。

この後、販売してくれた古書店主さんとお会いした時〝エロ本を棚買いした女〟と古書会館で話題になった旨をうかがった…

さらけだされる欲望

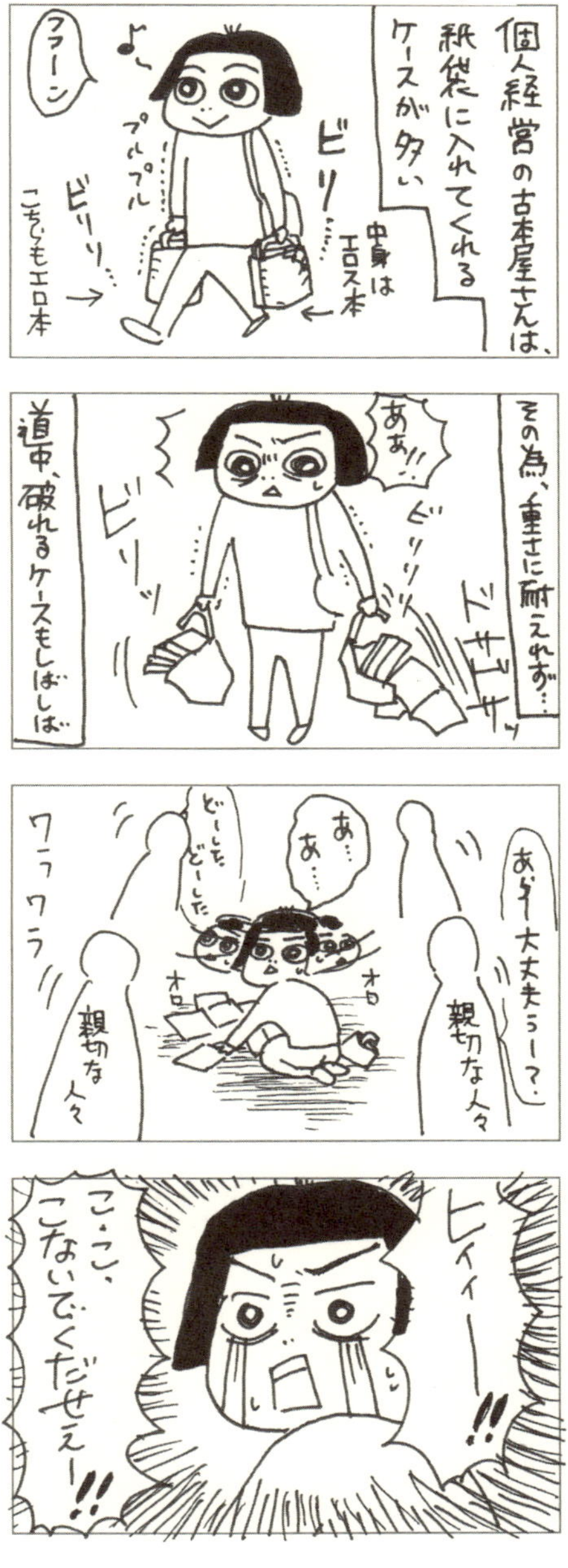

個人経営の古本屋さんは、紙袋に入れてくれるケースが多い
ビリ…
中身はエロス本
プルプル
フフーン
ビリリリ…
こちらもエロ本
その為、重さに耐えれず…
ドサドサッ
ビリリリ
ああ!!
ビリリッ
道中、破れるケースもしばしば
あら大丈夫ぅー?
親切な人々
あ… あ…
どーした どーした
オロ
オロ
ワラワラ
親切な人々
ヒィィーー!!
こ・こ、こないでくだせぇー!!

人様に公に見せれない本を購入した時に限って袋が崩壊するケースが多い。

羞恥心が

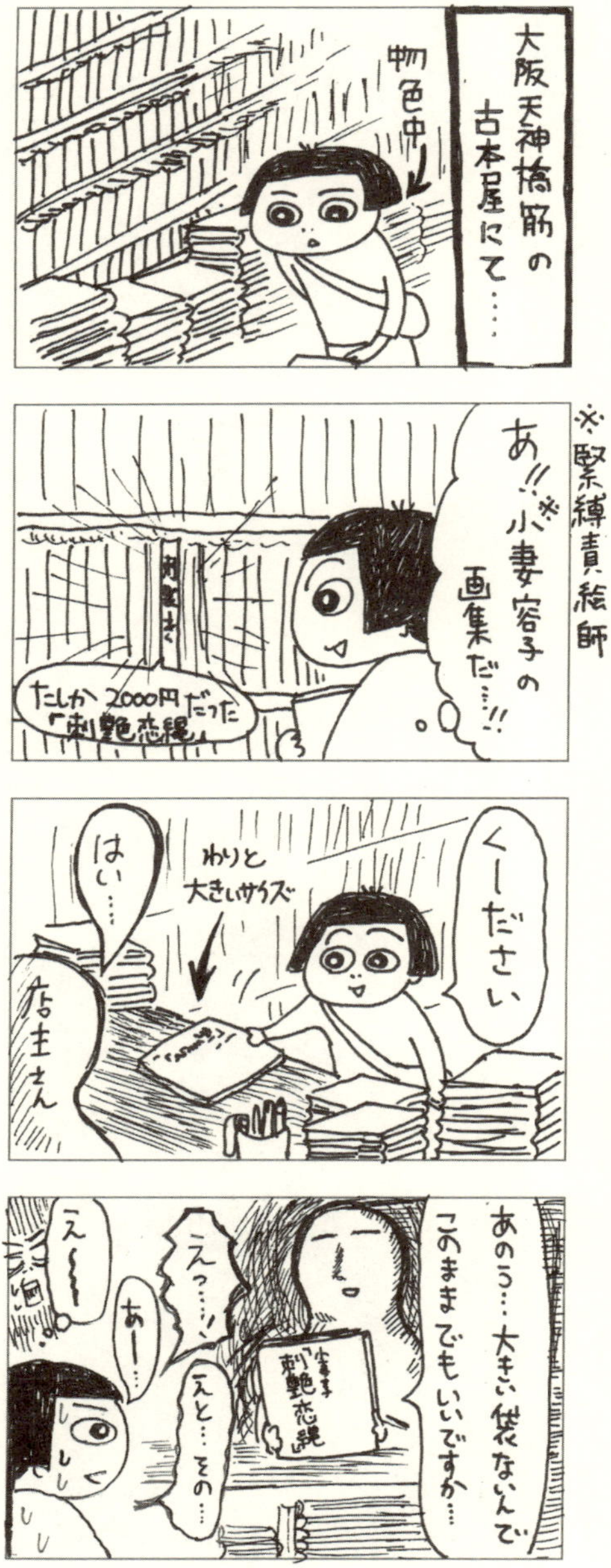
大阪天神橋筋の古本屋にて……
物色中
あ!! ※小妻容子の画集だ…!!
※緊縛責絵師
たしか2000円だった「刺艶恋縄」
くーださい
わりと大きいサイズ
はい……
店主さん
あのう… 大きい袋ないんでこのままでもいいですか…
えっ…!
あー…
えと… その…
え～～～

タイトルを手でかくしながら満員電車に乗って持ち帰ったのであった。

まだ来ぬモテ期

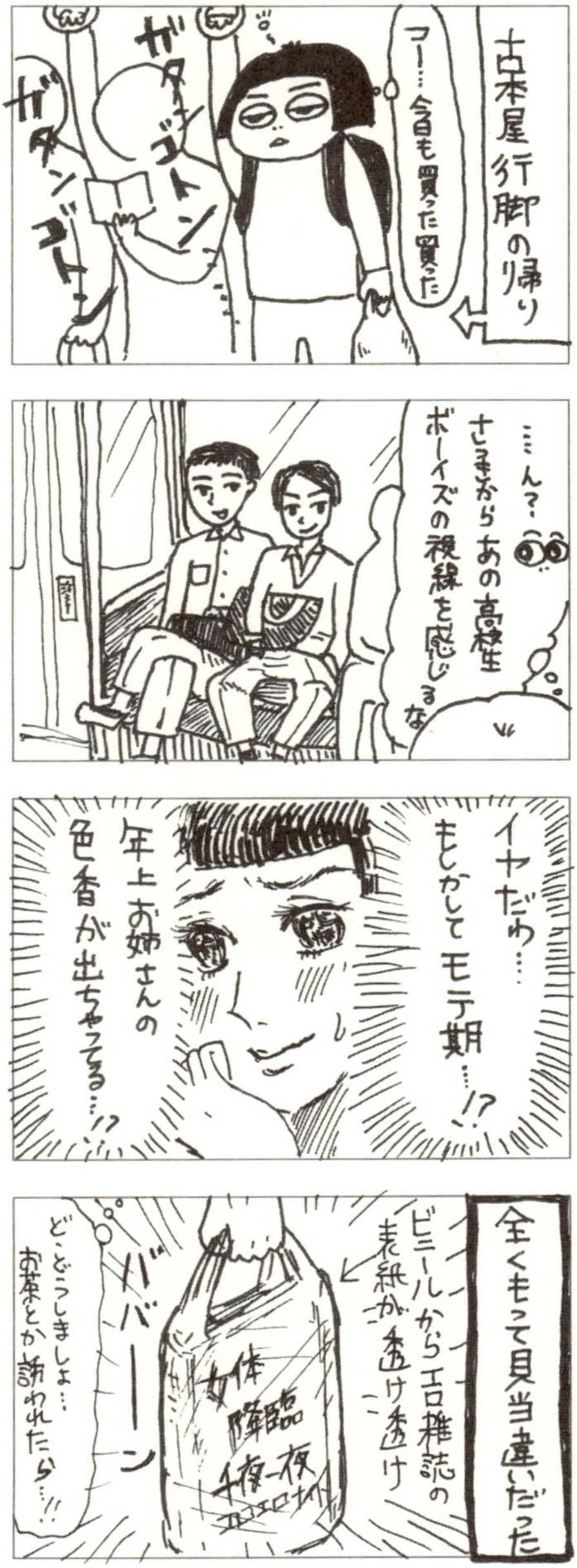
古本屋行脚の帰り
フー…今日も買った買った
ガタンゴトン
ガタンゴトン
…ん？
さっきからあの高校生ボーイズの視線を感じるな
イヤだわ…
もしかしてモテ期…!?
年上お姉さんの色香が出ちゃってる…!?
全くもって見当違いだった
ビニールから工口雑誌の表紙が透け透け
バーーン
女体降臨
千夜一夜
エロエロナイト
ど、どうしましょ…
お茶とか誘われたら…!!

すけるビニール袋に商品を入れてもらった時は表面が見えないように入れ替えるのがポイントである。

放送禁止

福岡はジュンク堂書店地下で開催された即売会にて
あっ おはようございます！
古物愛好家仲間の先輩 ←
おーっ来たねっ
あっちの棚、なかなか面白かったよ
あっ Iさん!! お疲れ様ですっ
なんて…無駄のない選書さばきっ…
おーー
（大先輩）
今日も変人たちが大集合やーー
フォッフォッフォ…
セッ セッ
少女の友
ササッ
すばやく動く指先
初日だったこともありローカルTV局が取材に来ていた
おっ真剣に本を見てらっしゃる方がいますねー
ちょっとお話を伺ってみましょう こんにちわー
へっ…はぉっ こんにちはっ
ビクウッ
どういった本を探されているのでしょうかー？
しどろもどろ…
えっ…あの…ええと エロ…いや、戦前や昭和の性風俗資料などを…
へへへへ…
…そうですかー
宝島
こりゃ完全にカットされたナ…と先方の表情を見て確信した

本当にあったコワイ話

ポリポリ
TV
○○は毎夜ホストクラブに通い詰め、[redacted]に□□万円もの大金をつぎ込んだー…
TV
ピコ
ピコ
モグモグ
馬鹿だねえ、この人。貢ぐ人の意味がわからないわー
フフフ…
……いやいやいや
わかってるでしょ…
TV
やめられない とまらない 底知れずの世界に貢ぐ感覚は… 貴女はめっちゃくちゃ理解しているはず….
…
ズキズキ

古本乙女の蒐集ジャンル

私が本を選ぶ基準は一貫性がなく、〝なんとなく好きな感じだったから〟が判断ソースだったりする。感覚で本を選んでいるので決まった蒐集分野というもの自体がないのだ。タイトル買いもあれば装丁や表紙に惹かれてのジャケ買い、流し見した時に好きなフレーズが幾つか文中に垣間見えたからという感覚買い…などなど一貫性がない。

強いて、自分の蒐集している古本を大まかにジャンル分けすると昭和の古き良き時代のお色気雑誌や性風俗関連の書籍があげられる。もともと〝秘められた…〟世界を覗いてみたいという好奇心が強かったというのもある。また、こんなおふざけが過ぎたタイトルや内容でよく出版が出来たなと突っ込み所満載な点にも興味が止めどなく湧いてしまったのだ。かつ、自分がそのテの書籍や資料に着目した頃は需要が少なかったからなのか競争率も低かったからか、安い古書価で見つかる事も非常に多く、精力的に蒐集に励む事が出来た。

〝この面白さを理解してあげられるのはこの世で私だけ！〟という根拠のない自信があった。時として井の中の蛙大海を知らずという視野の狭い環境がストイックな蒐集活動の炎に油を差してくれる時もあるのだとのちのち振り返って感じたりもした。

学生時代は日本庭園を中心に庭に狂ったようにハマった。〝庭〟というフレーズのつく本は片っ端から集めた。絶版になっていた重森三玲の結構な値段の庭園写真集を古書店で見つけ、なけなしのバイト代で（当時は時給８００円のリサイクルショップでバイトをしていた）購入した数日後に別の古書店の均一棚で同じ本を見つけて顎が外れそうになったりした事もある（勿論それも購入したが…）。ちなみに当時はトキワ荘のような純和風のアパートに下宿生活、当たり前だが自分の庭なんてものは存在しなかった。

やがてマイブームが過ぎ去った後に本棚や積ん読タワーを整理していると次から次へと出てくる『楽しい庭作り』『庭文化その③苔の作り方』『庭と盆栽』などなどの庭本の数々。「なぜに私はこのような本たちを…」と自問自答するという謎の行為を本の積み重なる六畳の和室で独り静かに繰り広げたものだ。

古本蒐集の内容にもブームというものがあるだと自分の蒐集パターンを振り返りながら改めて感じたのであった。

NYの古本屋さんにて。
店主さんに好きなジャンルを質問される。
(おー!! ポルノ!!!)
(あなたが)
(好きなのは)
(ポルノなのねっ)
HAHAHAHAHA
シーーッ
ハッ
NO!! NO!!
間違ってはないけど違う!!

デートで借金

相方と付き合いたての頃
古本まつり
ウフフフフ
古本まつり
デートコースに四天王寺
秋の古本まつりを選んだ
ヒラヒラ
あっ…ごめんっ…ちょっとトイレ行ってくるね
古本まつり
サザッ…
じゃあそこでタバコ吸ってるから
うんっ
…えらい遅いな…
30分経過……
サッ
ごめんね〜待たせちゃって!!!
あの…あのね…すぐ返すからっ…すぐっ
フゥ
ハァ
フゥ
おカネ、貸してもらえる…!?
ゼィゼィ
ぷるぷる…
……はい?

色気より物欲…あの日の相方の表情が未だに忘れられない。

緻密な作業

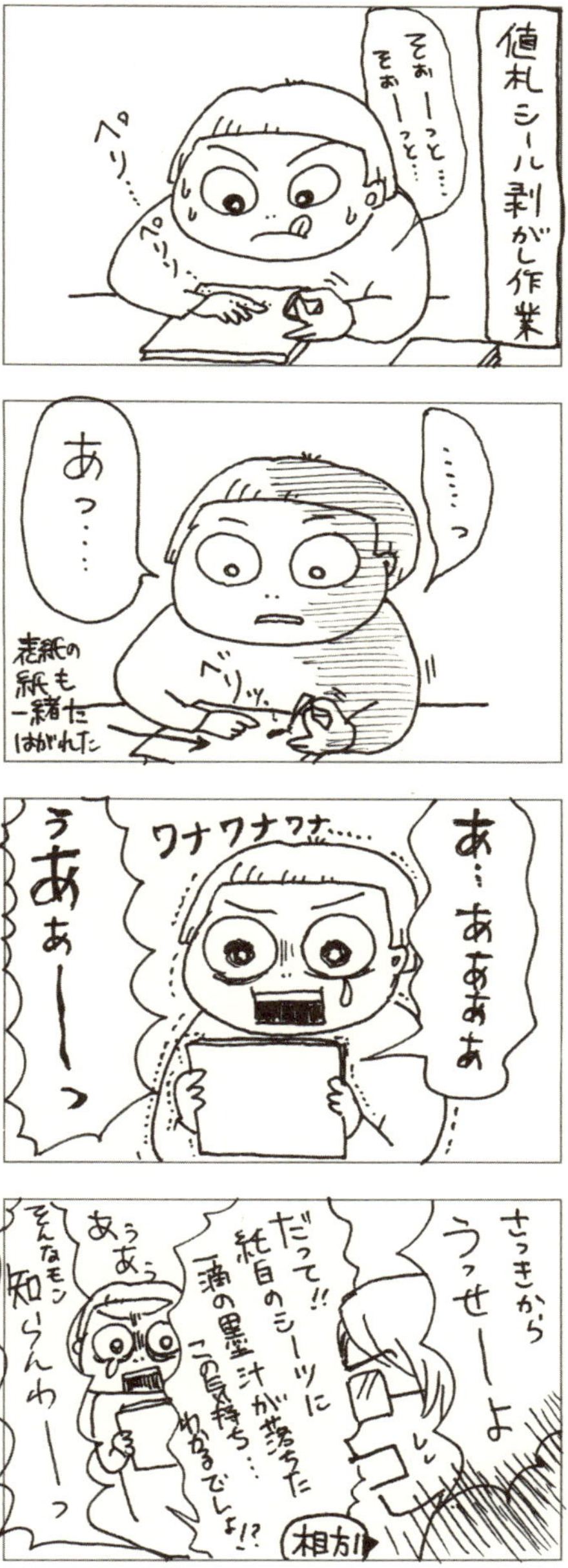

値札シール剥がし作業
そぉーーっと……そぉーーっと……
ペリ……
ペリリ……
……っ
あっ……
ベリッ
表紙の紙も一緒にはがれた
あ：あああああ
ワナワナワナ……
うあぁーーっ
さっきからうっせーーよ
だって!! 純白のシーツに一滴の墨汁が落ちた この気持ち……わかるでしょ!?
あうあう
そんなモン知らんわーーっ
相方▶

値札シール剥がしは古本道における一生のテーマでもある。上達の道をいくべし。

本は読むモノ

かわいい♪ かわいい♫ エロ本ちゃ〜ん
ウヘヘヘヘ……
はレ
夜中
さすさす…
エロ本
ERO
ボイーン
おい……
スッ…
は・はいっ……
ビクッ
あなたね… 買っては積み上げ 買っては積み上げ…
いい加減、読むのに徹しなさいよ…ねえ…
へ、へえ…ごもっともです…
ぷるぷるぷる
し、しめった罠に堕ちた肉体よ…クネクネシビれる電動コケシ…パンティコレクター華麗なる30年…女体をハントする裏ワザとは…
声に出して読まんでよろしい
エロ
週刊エロス
ERO
ボイーン

日常茶飯事

出先にて
相方
あっ♥古本屋っ
相方
……
10分だけだから!!
見るだけっ!!
テケテケ…
15分経過……
もう時間過ぎてるけど
うん…
ちょっと待って…
この棚だけ
ザーッと
見たら終わるから…
30分経過……
オイ……
いい加減に……
うん!!わかってるよ!!
でもホント、これチェックしたら
もうおしまいだから…
フーム…
これ…
持ってた気がするんだよな!
でも装丁が違うような!
ここここここここ
更に20分後……
お待たせ——…って
あらっ!?
居ない!?
古本の□□書店
あわあわ
Book
どこ!?
どこ——!?
見放される。

仏の顔も三度まで。

続・日常茶飯事

ある日、偶然 入店したお洒落なカフェにて
ごゆっくりどうぞー
店員さんもお洒落
680円のカフェオレ
1800円のミニピザ
BGMもお洒落
什器もお洒落
ポツリ……
この一杯で…均一棚の本が6冊買える……
フッ……
やめなさいよ…そういう価値の勘定するの…
そんで…そんでもって…このピザ一枚でそれなりの一冊が買えちゃったり…
あうあう
ふるふる
せつない…なにそのせつない表情…
パク…
ん！おいひぃ——っ♥
パファーッ
コイツは…一体……
……
ズズズズ…

同行人に嫌がられる感想談…

こだわり

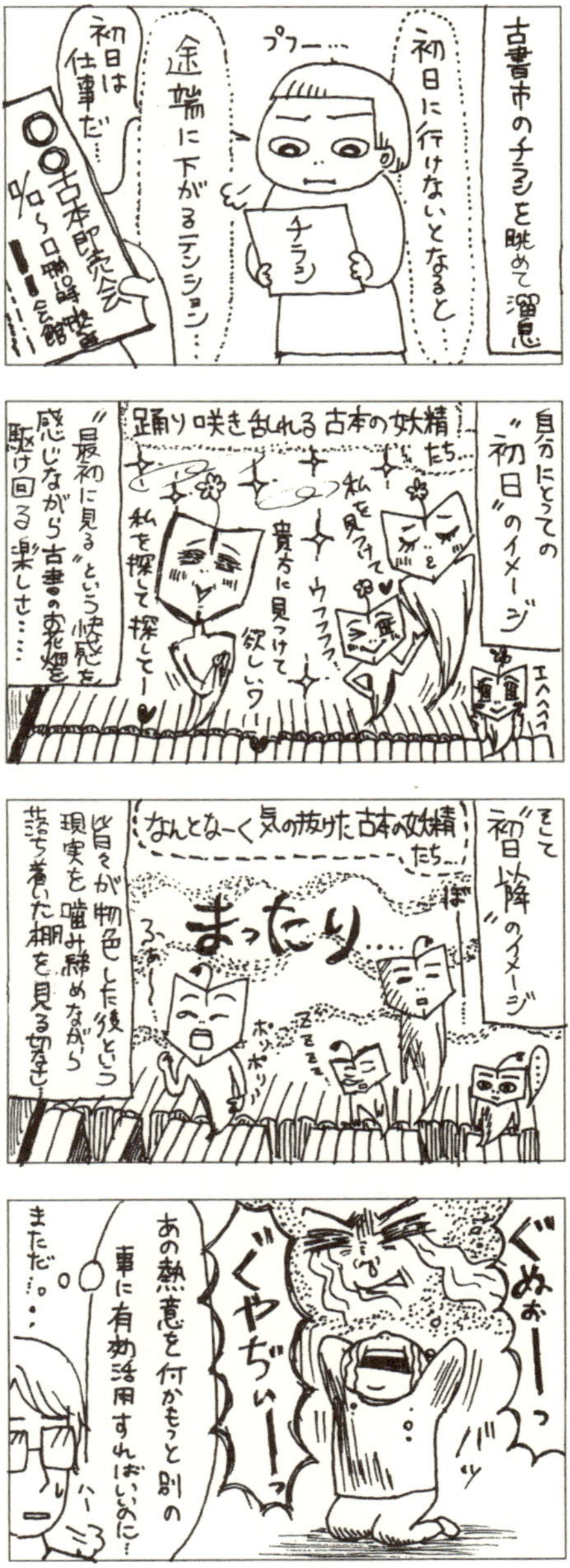
古書市のチラシを眺めて溜息
初日に行けないとなると…
プフー…
途端に下がるテンション…
初日は仕事だ…
○○古本即売会
チラシ
自分にとっての"初日"のイメージ
踊り咲き乱れる古本の妖精たち…
私を見つけて
ウフフフフ…
貴方に見つけて欲しいワー
私を探して探してー
エヘヘヘヘ
"最初に見る"という快感を感じながら古書のお花畑を駆け回る楽しさ…
そして"初日以降"のイメージ
なんとなーく気の抜けた古本の妖精たち…
まったり…
ふあ～
ボリボリ
ぼ…
ZZZZ
皆々が物色した後という現実を噛み締めながら落ち着いた棚を見る切なさ
ぐぬぉーっ
ぐやぢぃーっ
バッ
あの熱意を何かもっと別の事に有効活用すればいいのに…
またた…。
ハー

初日以降も勿論各店随時商品の補充や入れ替えが行われているのはわかってはいるが…

はやる気持ち

古本市会場に向かう道中によく起こる現象
…
同伴者 相方
よ
フハーーーッ!!!
よっしゃー!! 行くどーー!!
先を越して行く手にチラシを持った紳士
すっ…
ハッ
古本
相方
スタスタスタ
この人も…
オロオロ
あっ…あの人も…
スタスタスタ…
早くーー!!
うううう…さきを…
必死
先を越されちまうよ!!
歩幅を縮めるべし!!
声デケーよ 子供かよ

会場最寄りの駅を降り立った瞬間から戦いは始まっているのである。

節約とは

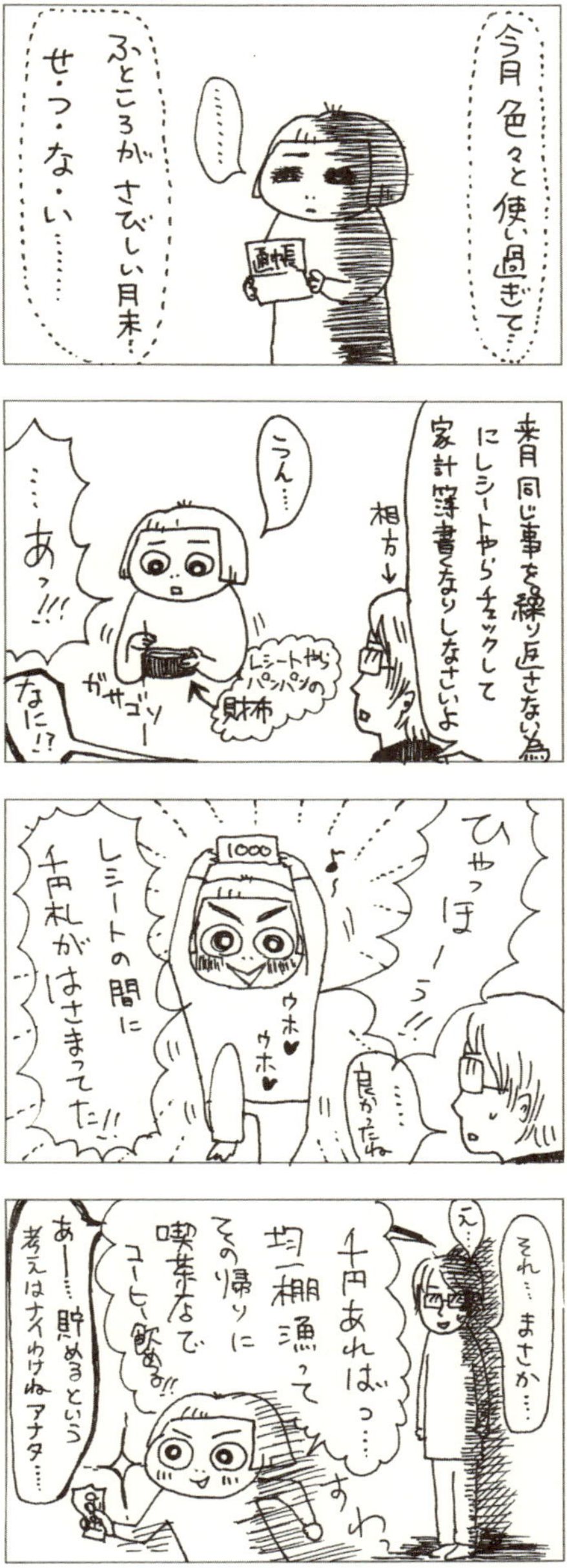
今月 色々と使い過ぎて…
……
通帳
ふところが さびしい月末
せ・つ・な・い……
来月同じ事を繰り返さない為にレシートやらチェックして家計簿書くなりしなさいよ
相方↓
うん……
…あっ!!!
なに!?
ガサゴソー
レシートやらパンパンの財布
ひゃっほーう!!
♪~
1000
レシートの間に千円札がはさまってた!!
ウホ♥ウホ♥
…良かったね
それ…まさか…
え…
千円あればっ…均一棚漁ってその帰りに喫茶店でコーヒー飲める!!
すわっ
あー…貯めるという考えはナイわけねアナタ……

〝今を生きる〟をモットーに。

踏み込まれるアクセル

運転手が先に対象を見つけた場合は迅速に「ダメ」という言葉が向けられるパターン。

確信犯

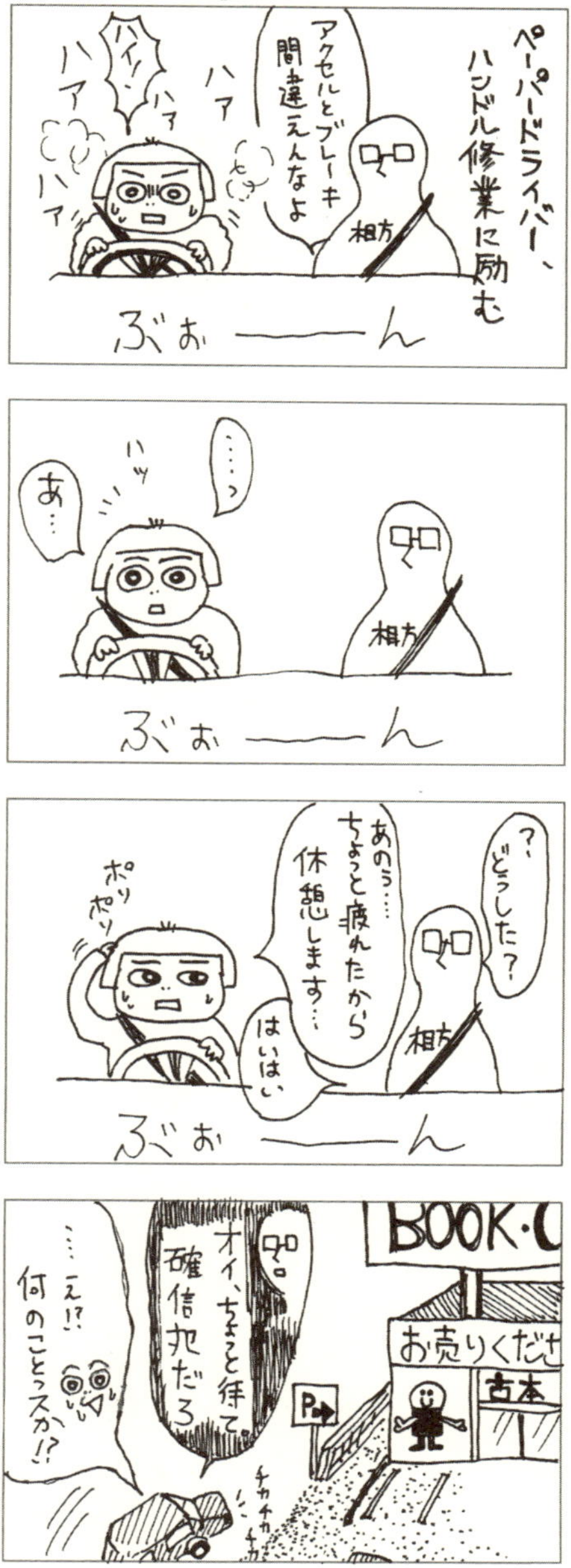
ペーパードライバー、ハンドル修業に励む
アクセルとブレーキ間違えんなよ
ハァ
ハイ!!
ハァ
ハァ
ハァ
相方
ぶぉーーーん
…っ
ハッ
あ…
相方
ぶぉーーーん
?、どうした?
あのう…ちょっと疲れたから休憩します…
ポリポリ
はいはい
相方
ぶぉーーーん
BOOK・
オイ、ちょっと待て。確信犯だろ
…え!? 何のことっスか!?
お売りくだ
古本
チカチカ

この後、店内散策1時間。すぐにハンドルを奪われたのであった。

稀なケース

車で出掛けている時
郊外の古書店
○○書店いきたいっ
即答
ダ・メ
相方
十中八九、却下される
そして あくる日の車内
心の声（どーせまたダメって言われるんだろうな…）
古本屋いきたい
ん——…
まぁ…通り道だし…いいけど別に
…………
……なに
えっ…どうしたんスか…なんか気持ち悪い…
アワアワワナワナ…
やっぱりやめるか
あっ!!あぁっしゅみません!!あざっす!!
素直に感謝しましょう

続・稀なケース

あっ古本市やってる!!
バッ
ねっねっ、スマン!! ちょっとだけ… ね!!
古本まつり
古本まつり
旅先にて
深いため息
ハー……
10分だけな…
しかし己の琴線に触れる本が一冊も見つからない時も稀にあるのだ
ん〜
ひょいっ
む〜
ササササッ
ん〜?
ススッ
ふむ
欲しい本なかった…
トボトボ…
しゅん……
くすん…
えっ!? もしかして…手ぶら!?
…どうしたんスか…? なんか…気持ち悪い…天変地異の前ぶれ…?
じゃあショーケースで展示されてた4万円のちりめん本買ってこようかな…
やめろやめろ やめろやめろやめろ やめろやめろ
素直に褒めてあげましょう

古本乙女と相方の仁義なき戦い

漫画に度々登場する私に抑制プレッシャーと理性に包まれた白い眼差しを向ける〝相方〟は、実在の人物だ。彼とのやり取りは混じりけ無しのノンフィクション。長年こんなやり取りを繰り返しているのだ。振り返れば約10年、病める時も健やかなる時もふたりの間には古本の影があった…。

幸いなことに相方も私ほどではないが本という存在が元々は好きな人間なのである。お互いが本好きという共通点がお付き合いのスタートだった。「本ってイイよね！　本が好き！　アハハハ…！」という軽いノリだった。当時の相方は、まるでジブリの名作『耳をすませば』に出てくる天沢聖司君のように見えたものだ…（後にそれは過去交際経験皆無で夢見る乙女だった当時の自分が映しだした幻影だったんだ…と下唇を噛みしめながら痛感した）

付き合いたての初々しい頃は流行りの店やお洒落な本屋さんがデートコース。やがて恋愛と古本を天秤にかける事なんて出来ないっ…そう実感した私は、相手の出方を探りながら日を経るごとにジワジワと化けの皮を剥がしていった。数か月後は古本市、やがてまんだらけ、そうしてブックオフや個人経営の古本屋…とデートの舞台は古本に侵食され段々と色濃く変革を遂げていった。サイクリングデートと称して郊外の古本屋を目指して寒空の中、自転車を2時間漕いだ事もある。（結果、目当ての古本屋は既に廃業していて帰り道大衆食堂でうどんをすすってデート終了と言う切ないオチが付いたが。）
好みのジャンルもB級感漂う雑本好きの私に対して、相方は初版本やサイン本、アート系の写真集や作品集等ショーウィンドウに飾られている本に価値を感じるタイプで（分かりやすく表現すると神保町の小宮山書店さんに並ぶような系列の本）ただそこまでの所蔵欲や執着もあるわけではない、手元になくても全然OK主義。ある意味、私とは正反対な気質の持ち主なのである。現在では電子書籍派に転向している。
私の古本趣味にはこの相方との衝突が付き物だ。ここまで理性をブラさず体現している姿勢には敵ながらあっぱれじゃと感じる瞬間もあるくらい毎回真剣な闘いが繰り広げられている。実はそんな相方と今年晴れて夫婦となった！　私という手強い敵に屈服したか観念したのか、いずれにせよ、ありがたいことである。（猛々しく合掌）
それにしてもプロポーズを受けた翌日に素知らぬ顔で相変わらず古本を漁りに行った私はいよいよ完治の兆し無しの古本病末期なのだろう。憐れ古本狂いの妻を持つことになった相方の戦いは果たして終わりを迎える時は来るのだろうか…いや来ないだろう…（静かに合掌）
一に感謝、二に感謝、三四が無くて五に感謝の気持ちを忘れずに、これからも変わらず百通りの口実を盾に、相方との攻防戦を繰り広げてゆきたい。
（この本が刊行されることによりさらに調子に乗って私の古本パワーが加速するのであろう…と既に相方に釘をさされておりギクリとしている次第である…）

常備品

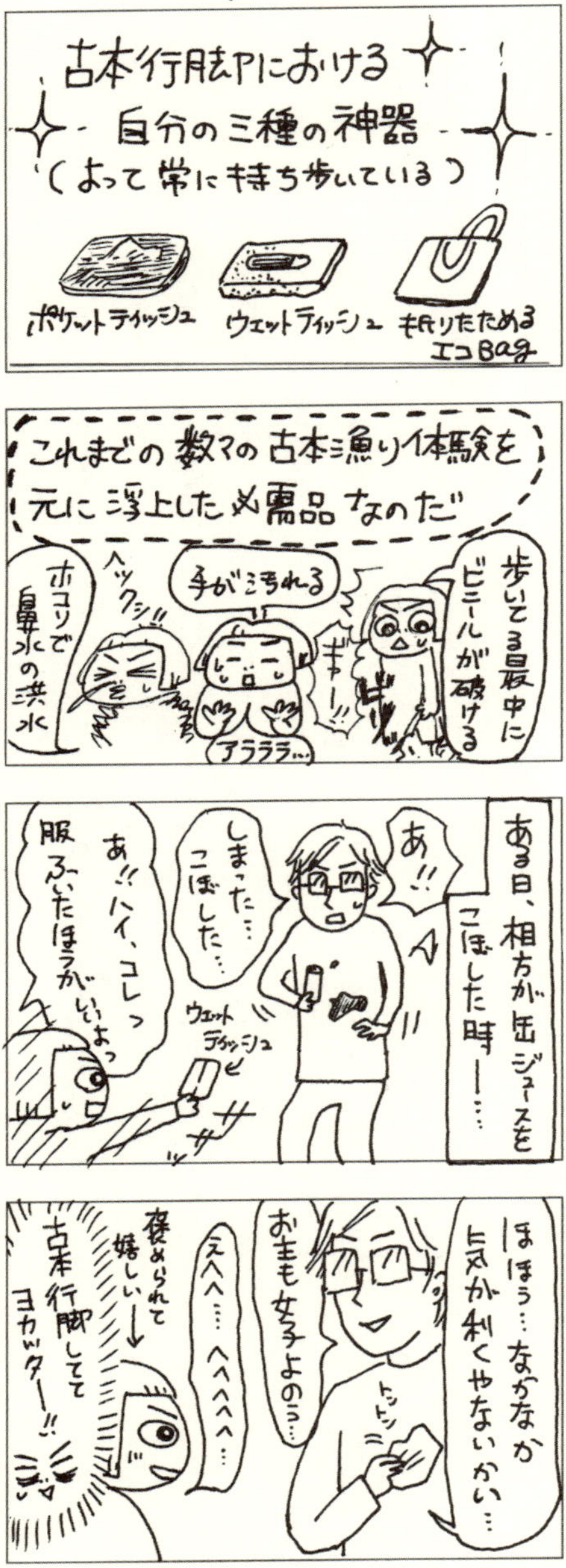
古本行脚における
自分の三種の神器
(よって常に持ち歩いている)
ポケットティッシュ
ウェットティッシュ
折りたためるエコBag
これまでの数々の古本漁り体験を元に浮上した必需品なのだ
歩いてる最中にビニールが破ける
ギャー!!
手がよごれる
アラララ…
ヘックシ!!
ホコリで鼻水の洪水
ある日、相方が缶ジュースをこぼした時ー…
あ!!
しまった…こぼした…
ウェットティッシュ
あ!! ハイ、コレっ
服ふいたほうがいいよっ
ほほう…なかなか気が利くやないかい…
トントン
お主も女子よのう…
えへへ…へへへへへ…
褒められて嬉しい
古本行脚しててヨカッター!!

災い転じて福となすに至った唯一のケース。

古紙回収日

見知らぬ土地を観光中……
(早朝)
相方
てくてく
よ～
その土地の住宅街等も散策コースに入れたりして建物ウォッチングを楽しんだり
MAP
その日が廃品回収日で大量の古紙に遭遇
回収日
ハッ
本の束が!!!
!?
ハァハァ
ダダダダダッ
ガッ
よーーっし!!!
いやいやいや…あなたチョット……
よーし!じゃないでしょーよ…
一体ナニするつもり?
あの…いや…その……
ちょっと…ちょっとだけね、物色しようかと…へへへ……
あああああ…
だ、だめ…?
ドキドキ
ちょいちょい
目え覚ましんさい

古紙回収の日には何となく朝早く散歩に行きたくなったりソワソワする…

姑息な手

古本屋から退店後
また買いやがって……
大漁じゃ 大漁じゃ〜
言っとくけど…… 俺、持たないからね
へい、モチロン
余裕だもんねっ
コレぐらい平気っスよ
キリッ
ハイハイ、行くぞ
5分後……
ふぅ… ハァ ハァ ふぅ…
ヨロッ…
まあ…
ヒソヒソ
ヒソヒソ
フラフラ
スタスタスタスタ…
チッ
ハイハイハイハイ 持つよっ
へ!?
パァー!!
いいの!?
へへっ ヤッター!!
いいから早くっ
ちくしょう… まるで俺が悪者みたいじゃねーか……

相手の良心を利用するというこそくな手を使ってまで楽しむ古本道。

読心術

旅先で見知らぬ土地散策中に―…
相方
理性の塊
よく起こる現象
古書買取
古本
あっ…古本屋だっ…
相方
理性の塊
相方
理性の塊
チラチラ
……
ああ…入りたいなぁ入りてぇなぁ…
……
いらっしゃいませ
円均一
古本
あんた…買った本持ち歩いて観光するつもり…？
相方
理性
ギク
えっ…!?
エスパーのような相方にビビりまくる…

行動がワンパターン化すると敵（相方）に手の内を読まれてしまっているケースが多くなる…

止まらぬ汗

相方と一緒の道中、さりげなく古書店に寄る
本節約推進派の
相方
俺は入口にいるから、長居しないようにな
ペラペラ
わかってるって
パパッと奥への棚見るだけ。
どーせ欲しい本ないだろうし。すぐ終わるからさっ
演技派
クールなふり
相方にバレないように、レジに素早く直行
あらかた目ぼしを付けていたジャンルの本達をどっさり
確保
5分後
よしっ
テテテテ
今のうちにささっと会計済ませて
買った本をすばやく鞄に入れてしまえばごまかせる!!
1500円が一点、1000円がいってーん…
一冊一冊の値段を読み上げる
ピッ
900円がいってーん
レジにて
ドキドキ
あああ……すごく丁寧…
しかし…しかし…声量がっ…
聞かれてしまったらヤバい…
頼むっ…声のボリューム下げてっ…
すっ……
合計7点で…
9800円になります!
ニコニコ
笑顔と大音量でお会計する店員さん
もうっ…おしまいだ…
ハイ…
ブルブルブル…
グサッグサッ
……
ゴゴゴゴ…
あああああ…

この後「ギャンブルに狂っていないだけまだマシだ」と対抗するものの相方の白い目の圧に負けたのであった…

口実

ある日 古本屋にて
あっコレッ好きなんだよなぁ…
すすっ
108円なら買っとこかー♪
数日後ー… 自宅にて
あれ…？
ちょっとちょっとちょっとー!!
ビクッ
ドキッ
はひーっ
ニャー
あのさぁ… 同じ本が数えたら4冊あるんだけど… なに？ボケちゃった…？
相方
あ…あ…
あの…
その… 読む用と鑑賞用と保存用と布教用に……
しどろもどろ
必要でして…
そんな原理捨てちまえー
てゆーか布教用ってなんだーっ

古本好きならばいつか必ず踏み込む魔の精神領域…〝同タイトル購入４種の動機原理〟。

決死の作戦 NO.1

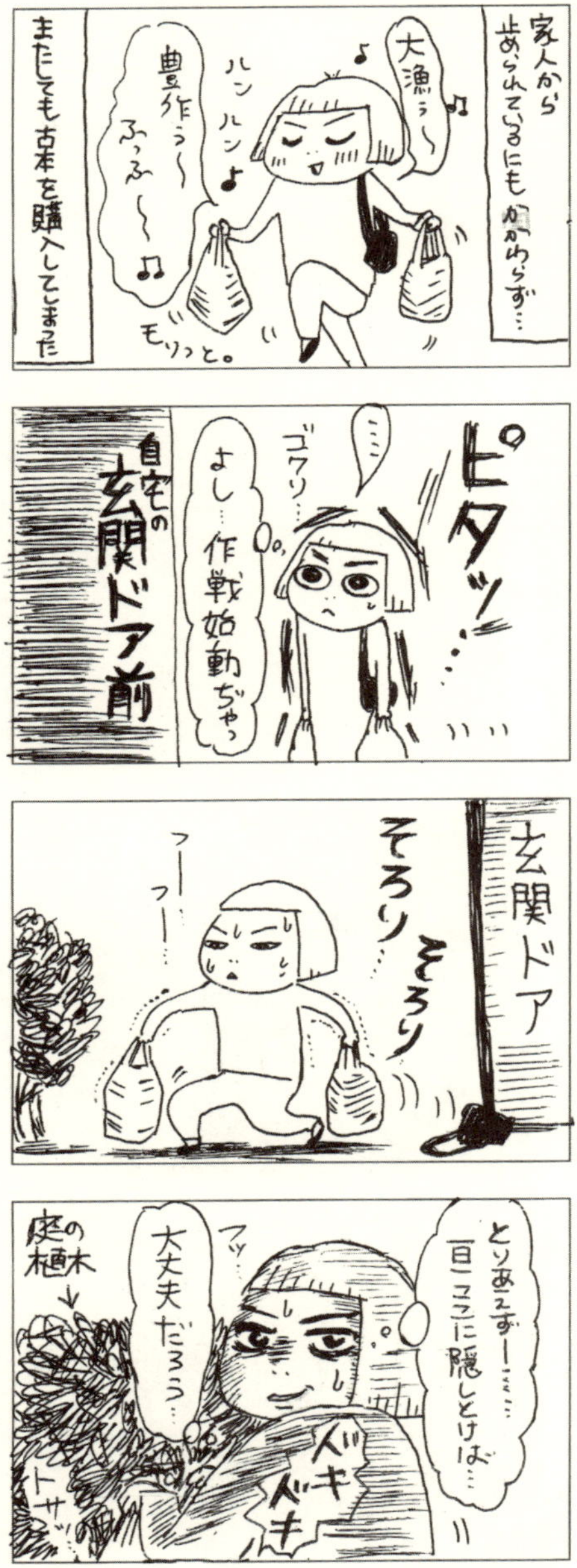

家人から止められてるにもかかわらず…
大漁ぅ〜
ルンルン
豊作ぅ〜 ふっふ〜
モリっと。
またしても古本を購入してしまった
ピタッ…
ゴクリ…
よし…作戦始動ぢゃっ
自宅の玄関ドア前
玄関ドア
そろり
そろり
フー
フー…
とりあえずー…一旦ここに隠しとけば…
フッ…
大丈夫だろう…
庭の植木
バキ
バキ
ドサッ

NO.2
ガチャッ
ただいまー
何くわぬ顔で堂々と帰宅…
フー、くたびれたー…と
おかえりーーい
相方
相方が2階の寝室に向かうのを見計らって
じゃあもう寝まーす
相方
ほーーい
おやすみー
ヨッシャ!!
ゴロゴロ
物音を立てぬよう…
シーーッ
にゃー
トコトコ
外に隠しておいた戦利品を持ち込む
そして悦に浸りながら値札シールをはがすのであった
あー…しあわせ…
うっとり…
ウフフフフ…
にゃー
ペリペリ

古書好きはツラいよ。

ある日突然に

相方から"禁書令"を出されてもなお、監視をかいくぐって古本を買っていたある日の夜、突然の事だった
たーだいまー♪
ガチャッ
おかえりー、ちょっとさーこっち来てくれるー
相方
はーーい…
本を置いているゾーン
トサッ
…あの部屋から声が…もしや…？いや、大丈夫なはず…だって布で棚隠してあるし…バレてないはず…きっと…多分…恐らく…大丈夫…本棚のカーテンさえ開かれてなければ……多分…
おおおぉーっ
やはりっ
なんかさ、本…増えてない？
え…
絶対増えてるよね？買ってるよね？
いやいやいやいやいやいや…この前さ、余分なスペースがあったから、床にあった本をそこに入れたりや整理やらしたもんだからさぁ
ヒィイイイイイッ…
ほらぁ、増えた風に見えるだけ！ネ？ネ？ネ？ネ？
……………
相方

いつかバレるのです。

遅々として….

ある日の休日……
いたっ
ガツ
イテテテ…
もーーっ…
床の本、いい加減片付けなさいよ……!!
本の角に足をぶつけた
……ハーーイ…
にゃ〜
ブツブツ
置き場所ないのに次から次へと買ってきて……ったく…
ブツブツ
こけてケガしたら大事になるよ
モソモソ
ブツブツ
その通りです…
ごめんなさーい…
よいしょっと…
ゴリゴソ…
あ…この本ここにあったのかぁ…
あ!! この本!!!
ラッキーっ 持ってたんだぁ♪
……
やっぱいいよねぇ…
素晴らしい一冊だぁ…
フフフフ…
…て、全然片付け進んでないやんけーーッ
ゴルァッ
うふふふふ…
素敵… 素敵だわぁ…
これも…それも…
あれも… ウフフフ…

結局右に積んであったものを左に積み直して終了という…

冷静な判断

例えば
怪しいヒト↓
美味しいお菓子をあげるからついておいで〜
ヒヒヒヒヒヒヒ
キッパリ
行きません!!
むむっ…危険っ
御家族の方が交通事故にあったので同行してください〜
ウウウウウ
ズバリ
行きません!!
むむむっ…危険っ
すぐそこに古本屋さんがあるのでお連れしますよ〜
ケケケケケ
パァァッ
えッ!!
行きます
行きます!!
古本が関わると危険察知能力が0になる確率大
珍しい古本見せてあげるからついといで〜
フフフフフフ
行きます!
注意!
ぐっ

そして古本ハンティングの最中はスリにあっても気付かない可能性(大)

フリーダム

古本古物仲間が集まった際
……
ザワザワ
ワイワイ
ふむふむ
キャッキャ
キャッキャ
ふんふん
自由な空気が充満するのであった
みんな好き勝手夢中に喋ってて楽しい〜
ほわ〜ん
フフフフ

話が一方通行でもお構いなし。会話が成立せずとも、それはそれは楽しい趣味談話。

古本乙女の妄想企画　その２　古本好きが集まっての一泊二日泊まり込み古本ハントバスツアー

初日はマンモス古書店を舞台に制限時間内で古本屋で各自漁書。終了後に宿泊予定の旅館へ。大広間でお酒（もしくは清涼飲料水）を飲みながらのど自慢大会ならぬ戦利品お披露目大会。古本、酒（と清涼飲料水）、温泉という夢のトライアングルイベント。二日目はバスに乗り込み観光名所ではなく郊外の古本屋を数店舗巡る。道の駅でソフトクリームを食べたり産地直送の野菜をお土産に買って帰る代わりに、車がないとなかなか赴けない古本屋での古書浴を楽しむという行程。昼食は味と量に定評がある大衆食堂、戦利品を配送したい人のために郵便局に途中停車する時間を設けるサービスもあり、車内ではガイドではなく古本蘊蓄話や古本小話などｅｔｃ…といった感じ。どうだろう？　うぅぅ…同志とハンティング…戦利品自慢…、未踏の古本屋探訪…、想像するだけで楽しい…、と思っちゃうのは自分がまだまだ古本ビギナーだからだろうか？　古本漁りは個人だからこそ楽しめると述べていたり、又漫画では古本行脚は孤独であれというネタも描いているので一見矛盾しているような感情に映るかもしれないが、〝古本屋に一歩入れば目つきが変わる〟〝古本の事になると昨日の友は今日の敵感覚になる〟〝背表紙群の前だと戦闘モード〟という同姿勢の方々とは絶対に楽しさと興奮を分かち合えるであろうという不確かな自信があるのだ。そして自分が持ち得なかった知識や目線を他人から教えてもらったりまた自分が与えたり。古本好きの方々は基本的に単独で行動するというパターンがほとんどだ。だからこそ、同じ趣味を持つ他人と一緒に古本行脚というなかなか機会に恵まれなければ実現しない稀有な体験も年に一回くらいはあっても面白いのかもしれないなぁと思った次第なのである。

ちなみに私の古本蒐集の視野をグッと広げてくれたのは他ならないコレクター先輩陣との出会いだった。また、仲間同士で集う楽しさも味わわせてくださった存在でもある。都会の片隅にあるジャズ喫茶でひっそりと開催される絵葉書研究会（紙モノ古モノ古本を含めた幅広い範囲の古物好きの同好会）は普段孤独に慣れ親しんだ私にとっての最高のオアシスイベントで、御年80を越えた会長様を筆頭に平均年齢60歳の濃いその道の精鋭陣、マニア陣が集結する。長年の付き合いにも関わらず普段連絡を取り合うこともなくお互いの連絡先も住所も知らない、数か月に一度皆々ひとつの空間に自然と集い好きなものについて熱い珈琲片手に楽しく話す不思議な関係。少年のように目を輝かせて自身の掘り出し物綺譚を自慢してくれたり説明してくれる際のなんとも素晴らしい表情の画像をここに掲載したいほどだ。自由であれという姿勢がどんなに楽しい事かを自分の中に浸透させてくれる人々ばかりなのである。会に参加させていただくようになって三年目…今後も沢山の知識を教えていただきたいと張り切っている現在だ。

理想と現実

週末えんXで楽しむ
ブックカフェ巡り
個性派ブックカフェ＆古書店
便利なMap付き
GoGo
BOOK
BOOK
ほんげー……
お洒落やのう……
わしらなんか…
PEPEYE
お洒落なライフスタイルマガジン
本棚を見つめている時は千年の恋も一瞬で冷めるような顔面だし…
ギンッ
……
ふり向けばハンパない圧力の針で串刺し…
はよせいや……
ゴゴゴゴ
こんなん一生無理ぢゃー。
ブハーッ
お洒落

お客としての流行りには決っして乗る事は叶わぬいぶし銀の古本ライフ。

後悔

旅先にて
あっ…
この本… 下巻だけ買ってて 上巻持ってなかったんだった…
均一
うーん… どうしよう… すごく欲しいわけじゃないけど… でもこれで上下巻揃うなぁ…
うーん…
でも今日に限って鞄も小さいし 何気にこの本分厚いし… 持ち歩くとなるとネックだな… 今回は持ち越すか…
上巻
まっ、またどこかで見つけれるかもしれないし 今日はスルーしよ!
うん!! バイバーイ
ポツン…
帰宅後
うぉーーっやっぱあの時 買っときゃ良かったーー!!!
キィィィィィッ
めっちゃ面白そうな本やんけーーーッ!! バカッ私の… バカタレーー!!
気になって試しに下巻をチェックしてみた

買わなかった後悔ほど身に染みるものはない。

幸せの味わい方

ヒョロ ヒョロ〜
あう〜……もう限界だ〜…肩も腕もヤバイ…
ぷるぷる
古書
あぁ〜…あんなところに古本屋発見しちゃったよ〜
古本
ゼェゼェ…
均
寄らなきゃ〜…
数分後
ありがとうございました
ハァハァ
あぁ〜また買っちゃったよう〜重いよう〜
でも…なんか…うれしい……
ゼェゼェ
あれ…？
ハァハァ
私って…もしかしてドM気質…!?

肩の、腕の、食い込みを感じるたびにかみしめる戦利品（古本）の嬉しさ。

うずうず

ある日、初めて訪れた古本屋さんにて
常連さん
店主さん
この作家はねー
結構悪い奴だったみたいでねー
の、割にさ、純文学キラキラな世界を書いてるよね
そうそう
アハハハハ
でさ、当時付き合ってた女性が…
へー…
耳ダンボ
○○(人名)って知ってる?
いや、知らない
誰??
あ!!知ってる!!
□□(人名)です!!
ほら、△△(作品名)書いた作家の愛人で…その作家の
あー…なんて名前だったけ…
くそー 思い出せない…
ああッ…会話に混ざりたいっ
ドキドキ
でも私…
いちげんさんだしっ…
ぎゅっ…

年齢、性別を越えて、同志の会話ほど楽しいものはない。

確かあの人は…

新年早々、お正月SALEを狙って早朝のBOOK OFFに並んでいた時…
ビュ〜
う〜…寒い…眠い…
パタパタ
ゾロ〜
SALE
…ん？あのうしろ姿…
なんか見覚えが…
誰だっけ…
ゾロゾロ
う〜…気になる…
ただいま開店で〜す
ゆっくりお進みくださ〜い
ううう気になって…
ハントに集中できない…
ハッ
いつも行く近所の…
古本屋の店主さん!!
その後レジで鉢合わせ初めて言葉を交わしたのであった〜…
あ…あけましておめでとうございます…
ペコ…
こ、今年もよろしくどうぞ…
エへ…エヘヘ…
あ、ああ…!!
こちらこそ…どうもどうも…
こ

古本屋さんと同じ行動パターンになった時の嬉しさと気不味さたるや…

刺激

ツイッターでお店や人様の本棚の画像が流れてきた時
ワクワク
おぉ〜…
興味津々
本棚に並ぶ本が気になって画像拡大
♪
ススス…
どれどれ…
どんな本が並んでいるんだろう…
そして言葉にならない吐息をもらす
おっほぉ〜…
むは〜…
ふるふるふる
ひょへ〜
ふぇ〜
小さな画面に広がる広大な本の世界…
己の豆粒さを感じなぜか気が引き締まるのであった…
プフー
自分なんかまだまだや…!!
もっと精進せなぁ…!!

井の中の蛙、大海を知り更に井を広げるべく突き進むのであった。

ライバル心

身に染み付いた習慣
古本
均一棚、いいのあるかなーっと…
フフフ～ン♪
テクテク
スタスタスタスタ…
スッ
!
ハッ…もしや…この人も…？目的地一緒!?
ふんっ
小走り→
テケテケテケテケ……
よっし、勝った!!
ハッ 私としたことが!! またしても大人気ない…!!
結局、違うお店に入っていかれた→
ハァハァ
ゼェゼェ
均一

競争心は常に古本者の胸に潜んでいる。

嬉しい偶然

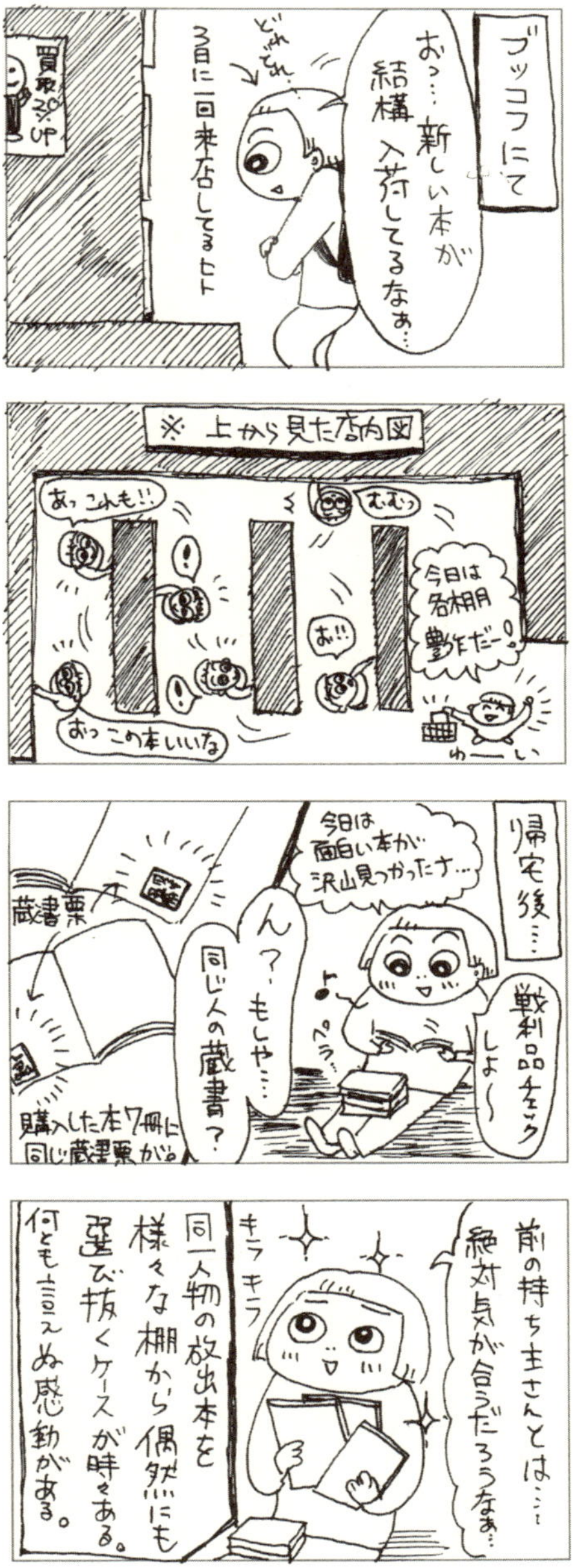
ブッコフにて
おっ…新しい本が結構入荷してるなぁ…
どれどれ…
3日に一回来店してるヒト
買取20%UP
※上から見た店内図
むむっ
今日は各棚豊作だー♪

あっこれも!!

お!!

おっこの本いいな
帰宅後…

戦利品チェックしよ～

今日は面白い本が沢山見つかったナ…

ん?もしや…同じ人の蔵書?

ペラ…

蔵書票
購入した本7冊に同じ蔵書票が。

前の持ち主さんとは…絶対気が合うだろうなぁ…

キラキラ
同一人物の放出本を様々な棚から偶然にも選び抜くケースが時々ある。何とも言えぬ感動がある。


コレクターの放出品が棚に並んでいると気付いた場合は店内くまなくさがしてまわる…

作戦

相方と街歩き中
チラッ
もうすぐこの先に古本屋があるんだよなぁ…
寄りたいんだけどなぁ〜…
絶対嫌な顔されるだろうな…
ハッ
おっ喫茶店!
Coffee
美味しいケーキ
喫茶 Coffee
KEY COFFEE
ねーねーあの喫茶店寄ろうか
おーいいよ
よしっ
御馳走するからさ、ケーキセットでも食べよーよ
おー
よしっじゃあ…先に注文してて食べてていーよ!
私…ちょっと…
用事をパパッと済ませてくるからさっ
……さては古本屋か
ギクッ

敵を制するには敵を知ることが大切なのである。

発作

出店した古本市終了後….
自宅にて
フーッ
よいしょっと……
ようやく片付いたかナ…と
以前の積ん読スペース
フフフフフ
ガラーン
あのスペースがスッキリして床も見えるようになったし…
…スペースが空いたということは…
うずうず
また新しく買った古本を置けるということであり…
とりあえず買っといてもストックできる場所が確保できるということで…
あああああっ埋めたいっ
ゼェゼェ
古本っ古本買わなくちゃっ
あうあう
ハァハァ
落ち着けッ
なんか間違ってるよその考え!
ブルブル

隙間や余白を見つけると埋めたくなる古本者心…

古本ヒーリング

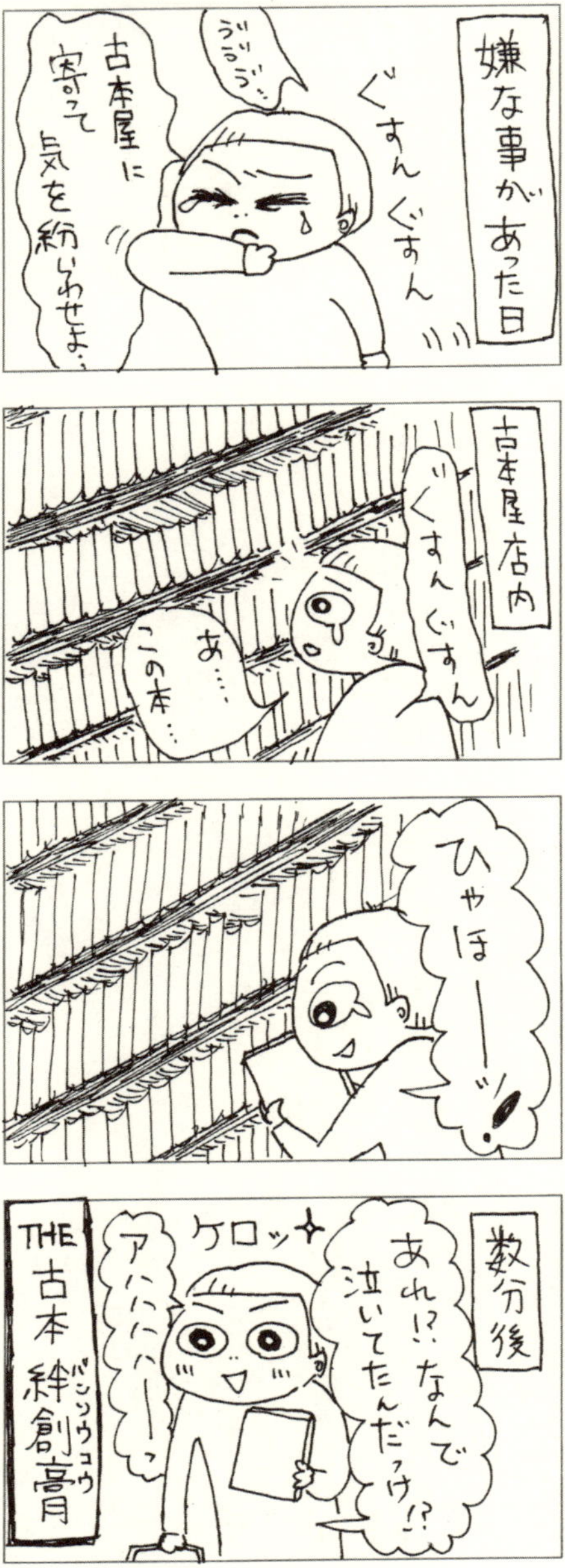
嫌な事があった日
ぐすんぐすん
古本屋に寄って気を紛らわせよ…
古本屋店内
ぐすんぐすん
あ…この本…
ひゃほーーーッ!
数分後
あれ!? なんで泣いてたんだっけ!?
ケロッ
アハハハーっ
THE 古本絆創膏《バンソウコウ》

体調が悪い日も然り…漁書は心と体に良いのである。

お気楽古本ライフ

古本屋にて
わぁ…この写真…なんだか心惹かれる…
知らない写真家だなぁ 買っておこう…
自宅にて
ほぉーー… なるほど… やっぱりすごい人なんだ…
別の本でその写真家の名前が載っているページをたまたま見つける
なんとなく好きで購入した作品集や写真集…
自宅のアート書籍コーナー
よくよく調べてみたら著名なアーティストに影響を与えていたすごい人だったり… 失踪者だったり…
ドヤァ…
わたしの審美眼って…スゴくない!?
勘違いするでない。スゴいのは写真家だ

無知でも存分に楽しめる古本道…

古本屋という小宇宙——あとがきにかえて

千円札一枚でこんなにも五感フル活用で楽しめる場所は他には無いのではなかろうか。

千円あれば古本屋経由喫茶店行きのゴールデンコースが十分に楽しめる。

古本屋は、映画を観たり、芸術作品を鑑賞したりするのと同じくらいアドレナリンが放出される場だ。新刊書店でも勿論同様の事が言えるが、ただ古本屋に関してはそこにどんな本があるのかが全く未知の場所であるからだ。並ぶ本たちの時間軸の均衡が存在しない混沌とした空気が詰まっている空間。こんなにワクワクする場所は無い。即売会なんかになるともはや万国博覧会レベルと化す。

今回、この本を形にしてくださった藤巻さんと晴山さん、皓星社の皆様、あとがき寄稿を快諾してくださった書物蔵さん、これまで出会った全ての古本屋さん古本好きの皆様、SNSで交流させていただいた古本屋さん古本好きの方々にたくさんの愛と感謝を申し上げます。

古本屋巡りを愉しみ古本を愛する人の隣でそっ…とウンウンと頷いているような一冊、未知なる本との出会いを求めて古本屋さんの扉を開ける人が一人でも増えるきっかけになる一冊、そしてこの本を手にとって読んでくださったあなたが笑顔になってくれる一冊になれたら最高に嬉しいです。

カラサキ・アユミ

古書大海原
古書
良書漁書
至福の古書浴
古書買いマス
桃
みかん
Banana

そしてそれは、金銭といふ一律で上下が明確なものではなく、受容者個人個人の、自由で——こっそり集める分には誰の迷惑にもならない——独創的なワールドを形成していくものだらう(σ・∀・)

本書プギュラタさんのマンガも、その集めるジャンルの特殊性にかかわらず——あるいはそれゆゑ——「古本者あるある」を図示、例示しつつ、自分の新しい価値で古本を新しく集めはじめるこれからの古本マニア、古本コレクターを力づけるものならん(o^ ∇ ^o)ノ

(しょもつぐら)

・古書の森日記：古本中毒症患者の身辺雑記（http://blog.livedoor.jp/hisako9618/）

「痕跡本」といふ新語、あるいは「document の monument 化」

「ばっちい古本」——この表現は古本趣味のない友人Cが1990年代に発したことば——の、そのばばっちさに、実は価値がある、と古本に関する価値観の180度の転換を提唱したのが、古沢和宏『痕跡本のすすめ』（太田出版, 2012.2）だった。期せずして図書館資料として鎮座している本についても、デジタル化の進展で現物が博物館資料と化していく過程にあり（友人の書誌研究家は、これを「document の monument 化」とウマイこと言ってゐた）、ページについて手垢から利用頻度や利用形態をさぐったり、複数の蔵書印から資料の来歴を探ったりすることが始まってゐる。蔵書印データベース（国文学研究資料館）といったものも出来た。千代田図書館（東京都千代田区）で2004年に検閲納本が再発見され、研究者により戦前の検閲実態が明らかにされつつあるのも、広い意味で痕跡本——そこでは見返しに検閲官の意見書込みがあったり、本文注意箇所への傍線やページの折り込みがある——の研究である(´・ω・)ノ

古本の新しい価値と共に進め！

古本はもはや金銭的な安い本——あるいは初版本としての高い本——としての価値ではなく、それ自体の価値によって受容できる知的枠組みが揃ひつつあるやうに思ふ。

は黒岩比佐子さん(1958-2010.11.17)のことぢゃ(´・ω・)ノ

書物蔵こと私の収集領域は、図書館事業や出版業、それから調べ物の歴史がわかるような古本・古書ということになる。もともとは、なぜ日本の図書館界は遅れているのか、なぜ日本社会で図書館の地位は——その潜在的有用性に比べ——低いのかという意識が動機だったのだが、2005年からデパート展や古書展で拾った古本を、当時はやりのブログで紹介してゐるうちに、さらにハマり、また、ネット上で古本趣味のブロガーたちとも知り合いになるという展開になったことぢゃ。

その中に黒岩比佐子さんがゐた。当時、黒岩さんもたまたま週末古書展にはまり、そこでの「釣果」をブログで発表してくれてゐた。わかりやすい文章を書く人で——職業ライターさんだからあたりまへだが——古書価——つまり旧来の古書マニア——的にはたいしたものでない物であっても、それがなぜ、今の自分にとって面白いものなのか/重要なものなのかが上手に解説されてをり、読んでゐて楽しい古本ブログの筆頭といってもよいものだった。

今でこそプギュラタさんのやうな若い女性の姿をみかけるが、2000年代でも古書展に女性はまだ珍しく、金曜初日の午前中などは、黒岩さんしか女性はゐないことが多かったやうに思う。

いつも忙しそうにしてゐたが、ある時、たまたま時間があって、いっしょにすずらん通りの紅茶専門店TAKANOでお茶をしたのもなつかしい。

彼女は早くに逝ってしまったけれど、いまでも彼女のブログは時折、更新されてゐるやうである。

は、既存「街の古本屋」は、日本で大正期に成立した読者公衆たる国民全体を相手に、そこそこ堅実な商売ができたのぢゃった（σ・∀・）

古本趣味の女性への広がりと、イメージとしての古本屋ブーム

ただ1980年代までの古い古本界には、古書店主にしても買い手にしても、ほとんど女性はゐなかったように思ふ。いま新しい事態として古本界に生じてゐるのは、愛書趣味の女性への広がりならん。「街の古本屋」はすっかり少なくなってしまったが、古本趣味ないし古本屋趣味は、かえって広い層に広まった。高級フランス古書の大コレクター、鹿島茂先生が――2000年代にはよく、すずらん通りや古書展でお見かけした――以前、「古本ブームでなく古本屋ブーム」と喝破したように、雰囲気としての古本、古き良きものとしてのイメージとしての古本屋はむしろ、一般社会に広まったといへやう。ベストセラーのライトノベル、三上延『ビブリア古書堂の事件手帖』は2011年に刊行されている。思ふに「古い本はばっちい」と思っていた女性に古本趣味が広がったからだろう。それまで古本コレクターにあてがわれていた「愛書家」といふ呼び名も、「古本者」などと軽い感じに置き換わっていったのが2005年頃のこと（「古本者」の語誌―書物蔵 http://d.hatena.ne.jp/shomotsubugyo/20100927/p6）。

黒岩さんのこと：女性古書コレクターの先駆け

女性古書コレクターの先駆けとして言及してをきたいの

くる古本の量が減った」となげいていたのを思ひ出す(＊°-°)

端的に言って2000年代に全国で「街の古本屋」が消滅し、残った古本屋は専門性を増して神保町古書店街へ移転、あるいはネット（＝通信販売）専門に業態を変えるという傾向ぢゃったの。

2010年代になると、街で新規開店するような古本屋も出て来たが、基本、オシャレ系セレクトショップか、カフェ併設といった新形態のものと言へませう(。・_・。)ノ

以前、拙ブログに書いた模式図をば開陳せん(σ・∀・)

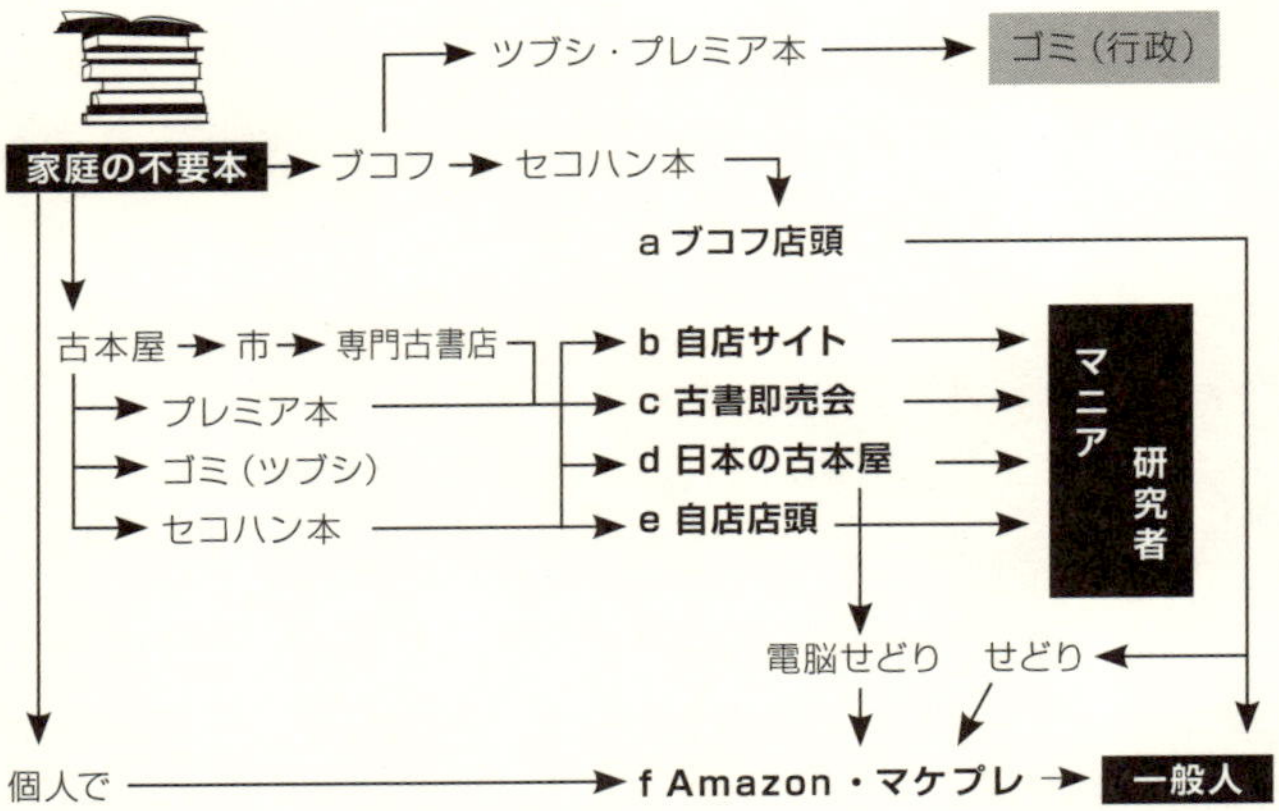

1990年代までこの模式図には、ネット系の古本サイトb、d、f、電脳せどり（セドラーと呼ばれるようになった）がなかった。aブックオフもなく、個人が一般人向けに古本を売ることもできなかった1980年代まで

辻にあった古本屋が勢いがあったんぢゃが、その後、竪町に移転し廃業。そのビルの地階へ2000年代にオヨヨ書林さんが東京から移転してきたのでびっくりしたことぢゃ(オヨヨさんはさらに移転)。わちきが金沢文圃閣と知り合ふたのは、まだおばあちゃんが生きてゐた頃、古本を受けとりに旧店舗——だだっ広い戦前事務所に黒っぽい古本の山が林立し、まんなかの帳場に美人さんが店番してゐるといふ、摩訶不思議な魔窟ぢゃった——に行ったのが最初。さういった地縁もあったりするのハここだけの秘密ぢゃ(σ＾〜＾)

ここ十数年の古本趣味

就職してからは古本趣味から遠ざかってをったので、わちきが本格的に週末古書展に参戦したのは2005年頃からのことなんぢゃが、それでもここ十数年の古本趣味には変遷があらうかと思ふ。その文脈にプギュラタさんも位置づけられやうかと愚考する次第。

新古書店ブックオフ(BOOK・OFF)が出来たのが1990年、2000年には全国で500店舗になったとウィキペディアにある。また、2000年にAmazon.comの日本語版サイト「Amazon.co.jp」が出来、2002年はそこに「マーケットプレイス」が開設され、この機能で事実上のアマゾンを用ゐた古本販売が始まった。つまり1990年代から2000年代にかけ、日本の古書籍流通には大幅な変革が起きたのぢゃ(´・ω・)ノ

2005年ごろ仲良くなったメープルブックス(早稲田の古本屋さん。いまは転業)さんが「最近、交換会に出て

そり出してくれる——しかない狭い店で、子どもの頃のわちきは「古本屋で実はおほ昔の本が買へる」とは思ってゐなかったのぢゃった。

たまたま駿河台下の三省堂をでて西のはうに歩いたら、古本屋が並んでゐて、びっくりしたなぁもう。大学に這入って自分の時間が出来たことが幸ひしたんぢゃったの。

当時、日清日露の清国軍艦やロシア艦にハマってをったんで、雑誌『世界の艦船』の増刊号『写真集日本軍艦史明治』（海人社，1976）を探し回ったものぢゃ（´・ω・）ノ　わちきの小遣い（＝奨学金給付）が月３万１千円の当時、古書価4、5千円以上したのよ。軍事史の文華堂なんかにもよく行ったなぁ…。

途中で絶版文庫集めも趣味にするやうになり、たしか日本特価書籍あたりで、『全国古本屋地図』（日本古書通信社，1977-2001）を手に入れて東京近辺の古本屋を廻るやうになったんぢゃなかったかな（°～°）　ネットのない当時のこととて、「古本屋地図」をもとに、ミニマップ（携帯用地図帖）に所在情報を書き写したのもなつかしい(*°-°)　このまへも友人Ａと同地図記載の図が実にいいかげんでコマッタ∩（・∀・）∩といふ話をしたことぢゃった（σ＾～＾）

プギュラタさんよろしく、わちきも最初に大学を出た際に、卒業旅行とて、関西古本旅行を企てたことも（σ・∀・）σ　京都と神戸に行った憶へがあるなぁ(*°-°)　神戸三宮にあった古書のまちがトッテモなつい。神戸の震災前のことぢゃったの。あとハぢーちゃんばぁちゃんが住んでた金沢、その隣の富山の古本屋も回ったな。金沢では武蔵が

新興学問は常に古本と共にありっ！｀・ω・´)o ｼｬｷｰﾝ

しかし、趣味人なればこそ、斎藤昌三はどこにもなかった近代文献を古本で収集し、明治文化研究会を盛り立てることができたといふのも事実(。・_・。)ノ　そもそも戦前の大学は「国家の枢要に応ずる学術技芸を教授し、及びその蘊奥《うんのう》を攷究《こうきゅう》するを以て目的とす」(帝国大学令 1886)とされ、「国家の枢要」に応じない学問にはなはだ冷淡であった。明治文化研究会は帝大教授の吉野作造がリーダーぢゃったが、そもそも彼は古本マニアだったのぢゃ。

帝大教授でも新興学問をやるには古本マニアである必要があるのぢゃ(σ・∀・)

大正から昭和初期にかけて、古本を自在に集め、民俗学、方言学、書誌学など、当時の新興学問が出て来たことはもっと特筆されてよいゾ(σ・∀・)σ　戦前ワールドで、帝国図書館や帝国大学に頼れぬ資料集めは、イコール古本集めなのぢゃった。それは和本や古文書あつめだけでなく、直近に出た研究書すらさう――つまり古本屋を通じて集めた――なのぢゃ。ここいらへんは、『図書週報』復刻(金沢文圃閣, 2015.2)の解題に書いてあったのぅ(*°-°)

わちきの古本趣味

もともとわちきの古本買ひハ、趣味だった軍事史の古本を買ふことから始まったのぢゃった。

それ以前、駅前に１軒だけあった古本屋は下町向けの、読み捨て用文庫本、ゾッキのエロ雑誌――あとこれは秘密ぢゃがマンガ週刊誌の早売り。土曜に行って「ジャンプ…」とつぶやくと、袋に包まれたソレをカウンター中からこっに顕れるやうに、エロ本はいろんな情報を我々に与へてくれる。たとへば最近わちきがハマってゐる近代書誌学やら戦前出版警察史についても、取締対象として、あるいは取り締まられた結果の痕跡としてエロ本――例えばそれらは特別コレクション「特500」「特501」として国会図書館に収蔵されてゐる――は重要な資料なのである（国会の特別コレクションについてハ『国立国会図書館百科』出版ニュース社, 1988.12, p.80を参照のこと）。

古本蒐集は世界創造の楽しみ (^ー^＊)

ちょっと「合目的的」に話をもっていってしまふたが、何も「学問」のためだけに資料は存在するのではない。資料ないし古本ハ、まづハ純然たる道楽、趣味として存在すると言ふてよいだらう（´・ω・）ノ

大書痴、斎藤昌三（1887-1961）は近代書誌や民俗、性風俗「研究」もやったし、書物展望社といふミニプレス事業もやったが、それ以前に何よりも趣味人であった（斎藤については、ほぼ決定版の評伝、川村伸秀『斎藤昌三書痴の肖像』（晶文社, 2017.6）が出た）。最初に趣味で発禁本を集め、その選集を編んで出版し、そして発禁の憂き目に遭ったことは、彼の自伝的小説で読んだことがある（斉藤末鳴「復刻・小説『浄め塩』」『本の周辺』（8）1977.3）。

古本買いは最初、廉価に本を買ふのがきっかけにはなるけれど、さうかうしてゐる内にスグ、（自分にとっての）珍奇なものを集める楽しさに気づいてしまふ（＾-＾;）自分にとってマーベラスな知識、画像が展開してゆくのは、ある種、世界創造の楽しさにも似てゐやう（σ・∀・）

来、国民図書館（national libraries）は、自国の出版物を包括的に集めることになってをり（法定納本)、その「包括的」という中には当然、お下品なエロ本も含まれるわけである。

当時、マンガアニメ系サブカル勃興期のこととて「美少女マンガ」も嗜んでゐたわちきは、「国会の書庫に潜れば、さういったマンガも立読みし放題であらうなぁ」と夢想したことぢゃった。もちろん後年、司書は営業時間中、客対応で忙しく、自分で商売品を消費的に読む、といったことはほとんど出来ぬと知ったことぢゃったが。でもまぁこれは、書店や古書店はヒマさうで商品は読み放題→うらやましい、と夢想する「中二病」みたひな共通の夢想ならん（σ＾～＾）

その頃、マンガ研究に興味を持って研究書を探したが、呉智英『現代マンガの全体像 増補版』（史輝出版, 1990.7）くらいしか見つけられなかったことを憶えてゐる。もちろん、呉夫子の書だったので、面白いことはオモシロかったのだが…。

それから30年、マンガ研究も、文学でもなく絵画でもない独自の表現形式研究として、独自の学問となってきつつある。実際、稀見理都《キミリト》によって最近『エロマンガ表現史』（太田出版, 2017.11）が書かれ、それがエロマンガを豊富に引用しながら技法変遷史を描き出していたのを読んだ時には、「なるほど。実証的なマンガ研究とはかういふものか（・o・;)」と讃嘆した一方、「エロ本も時間がたてばちゃんとした資料になる」「かうぢゃなくっちゃ、いけない」といふ思ひもまたしたものである (ﾟ-ﾟ *)(。。*) ｳﾝｳﾝ

最近成立したマンガ研究といった文系の新興学問に端的

時わちきはこんなふうにツイートしとる。

お互いの古本道をすすみませう、と固く手をむすびて別れたのぢゃった (*^_^*)
と、いふわけで、わちきは明日、古書まみれになるのぢゃ o(^ o ^ o)
けふは鎮西総督オタどんにいいやうに西方古本圏を制圧されてしまふたゆゑ、あすは雪辱の関東均一合戦なのぢゃ
22:58 - 2016 年 7 月 29 日

上記に出てくる「オタどん」とは「神保町オタオタ日記」のブロガーでネットで知り合った古本好きさんである。この後、夏の下鴨古本市でたまたま通りすがりのプギュラタさんとも古本オフ会をしたことぢゃった。オタどんはネット上では 2005 年からの知り合ひぢゃったが、リヤルで会ふたのは 2015 年。いまだに正体不明ぢゃが、最近は特殊研究者として京大人文研あたりに出入りしているらすぃ〜(σ・∀・)

そんなこんなで交流を深めてみるとプギュラタさんは、古いエロ本をキッチュな美術として受容されてをるらしいとみた(σ・∀・) σ　じつはこの古本受容法、ナショナルレベルでは全く正しいのよ(´・ω・)ノ

資料としてのエロ本

永田町なる国会図書館に、実はエロ本が収蔵されていると知ったのは、いつのことだったらう（＊゜-゜） 1990 年ごろに、身過ぎ世過ぎのために図書館学科に通った授業中でのことだったのではあるまいか。近代国民国家成立以

いま書いたやうになるわけ(^－^＊)　持つべきものは古本の友ぢゃ☆＾∇゜)ﾆﾊﾟｯ!!

プギュラタさんとの固い握手(´▽`)ノ

それハともかく「いったいエロ本蒐集にはげむ若き女性とはどのやうな方なのだらう(。´・ω・)?　なれど関西方面さらに本拠は北九州方面とて、会ふとことあたはず」と思ってをったら、存外に早くお会ひすることになった(´・ω・)ノ

といふのもご家族の所要で砲台場なるホテルにご宿泊とツイッターにて知り、ぜひ会ひませう、といふことになったのぢゃ。

以下その際のツイート(σ・∀・)σ

> プギュラタさんとさっきまで某所で盛り上がり、ついつい時間を過ごしてしまった(＾-＾;)
> けふプギュラタさんは朝から濃ゆーい一日だったらしい(｡・_・｡)ノ
> プギュラタさん古本まみれヾ(*´∀`*)ﾉﾞ
> わちきも古書の話ばかりしてしまった(＾-＾;)
> わいわいぢゃo(＾o＾o)
> 22:54 - 2016年7月29日

砲台場なれバ、よく昼寝兼読書に参るところとて土地勘があり、近くのららぽに呼び出してキラリン☆夜景を見ながら一緒にメシを喰ふたのぢゃ(´▽`)ノ

そしてゆりかもめ改札口にて、お互ひの古本道をすすみませう、と、『まんが道』ばりの固い握手を交はした。当

前の愛書家はたしなみとして――そのほとんど全員が男性だったこともあり――特に文学系のエロ本についての知見や実物を有していたものだったやうだ。

例へば1939年5月ごろ、反町弘文荘の仕入れ先として有名な藤園堂こと伊藤為之助が――エロ本販売で――検挙された際に、同時に送検されてしまったなかに古書コレクターが何人かおり、さまざまな職種の蒐書家がエロ本も集めていたことが実証的に明らかになってゐる(´・ω・)ノ

玩具卸商・吉田栄一（三〇）は「徴兵適令ノ頃ヨリ、古郵便、切手等蒐集癖アリ。長ズルニ及ビ」趣味、民俗、宗教（性的神）などの資料集めからエロ本蒐集に手を伸ばし、また、株式店員・阪野錠一（三二）は「二十一、二歳ノ頃ヨリ軟派出版物ノ蒐集癖ヲ生ジ、各地ノ通信販売ヲ利用シ、風俗禁止出版物及〔ビ〕淫本其他ヲ購読シ」たりしたとか(σ^～^)

当時、古書趣味界で有名だったらしい長江銈重（善十郎）といふ人は、今の小牧市池之内に住んで農業をやりつつ、書誌、社会思想、民俗、軟派文学、官版、非売品の類の古本を収集領域としてゐたが、この人も挙げられたのぢゃった。長江の古本フレンズで「参考人として呼ばれたのは全国で百人以上もいた」とか(σ・∀・)

この事件は金沢文圃閣主人に「出版物司法処分彙報」『出版警察報』（119）p.129-134（1939.8）に載っているよ、と教へてもらふたのぢゃが、伊吹映堂「「軟書蒐集哀話」裏ばなし」『日本古書通信』47（6）p.32（1982.6）にも言及がある。さらに書誌作成の友・Tom. Riverfieldさんが作成中の『蒐書家人名辞典（仮称）』のデータから構成すると、

その日、ツイッターを見ていたら、やはりこれを気にかけた御仁が、さういったものが出ていると言及してをられたのだが、なんとそれをぜひ買ひたいと、いろいろ聞いているオニャノコを見つけて、びっくりしたことぢゃった。それが、プギュラタさんなのぢゃった（その後、無事に出品店さんと連絡が取れ、箱で送ってもらふたとぞ)。

エロ本が実用性を喪失した後、文化史や風俗史の史料としていろいろ使へさうなことは、理論上は気づいてをったので、エロ本を古本として集めること自体に驚くことはないのぢゃが——それが妙齢のニョショウであるらしいことにはオドロイタ（@_@;)

珍書≒エロ本だった戦前や昭和の時代

江戸時代から明治にかけて「珍書」とは、単にめづらしい本、入手しがたい本、つまり稀覯本の意味しかなかったが、むしろ古本趣味が鼓吹されてきた昭和前期には、辞書には書いていないが「珍書＝エロ本」の意味合いが強くなってきとった。現在からみて一昔前の愛書趣味界ではそうだったといふことは、ハマザキカク『ベスト珍書：このヘンな本がすごい!』（中央公論新社，2014.9）あたりでも言及されていたこと（σ・∀・)

ちなみにエロ本は1923年以降の「新語」。「エロほん（エロ本）エロチックな本の略、すべて風俗壊乱的な本をいふ、春本淫本の意味にも使ふ。大震災後の新語である」と、古典社編『書物語辞典3版』（古典社，1939）にある。

その多くが明治大学に収まった城 市郎（1922-2016）による発禁本コレクションも、半分はエロ本の類であり、以

解説

古本の新しい価値について
――プギュラタさんを見て思ふこと

書物蔵

はじめに

わちきが本格的に古本集めを再開したのは、ある事件から時間の余裕が生じた2005（平成17）年のことぢゃった。それから13年、ネットは当時のブログ全盛から――わちきが「書物蔵：古本オモシロガリズム」とて、当時、結構有名な古本ブロガーぢゃったことは、もう忘れられとるかも知らん(*°　-°　)ﾄｵｲﾒ――ツイッター全盛の世に変わったが、そのツイッターで知り合ったのが、この本の著者、プギュラタさんぢゃ。最初にプギュラタさんの人となりを紹介した後で、ここ十年の愛書家～古本者気質の変化と、プギュラタさんのやうな人が出てくる背景を「解説」したい(´・ω・)ノ

プギュラタさんとのなれ初め c(≧∇≦*)ɔ

プギュラタさんとのなれ初めハ、たしか2015年、わちきが五反田の古書展にぶらりと行った際のこと。古書会館1Fガレージの均一台に、1960から70年代のお色気雑誌――ここではエロ本と呼んでをく――が大量に放出されてゐたのを見て、「オモシロさうだけれど、わちきの蒐集範囲からズレるからなぁ…。けど、結構オモシロい」と気にかけたことに始まる。

古本屋さんと一緒に出なした即売会にて。
お客さん
おたく、どこで店してるの?、
え……
…あ…わたくしめ一般ピーポーでして…
え…?あ、そうなの?、古本屋じゃないの?、
はい、古本大好きな一般ピーポーでございます
へー……
自分が出品した古絵葉書お得セット

カラサキ・アユミ（pugyurata）

1988年福岡県に生まれる。幼少期よりお小遣いを古本に投資して過ごす。奈良大学文化財学科を卒業後、（株）コム・デ・ギャルソンに入社。7年間販売を学んだ後に退職。より一層濃く楽しい古本道を歩むべく血気盛んな現在である。

古本乙女のTwitterアカウント
pugyurata@fuguhugu

古本乙女の日々是口実

2018年4月30日　初版発行

著　者　　カラサキ・アユミ
発行者　　晴山生菜
発行所　　株式会社 皓星社
〒101-0051
東京都千代田区神田神保町3-10　宝栄ビル6階
電話：03-6272-9330　FAX：03-6272-9921
URL http://www.libro-koseisha.co.jp/
E-mail：info@libro-koseisha.co.jp
郵便振替　00130-6-24639

装幀：藤巻亮一

印刷・製本　精文堂印刷株式会社

ISBN978-4-7744-0659-6 C0095

皓星社

¥1,000

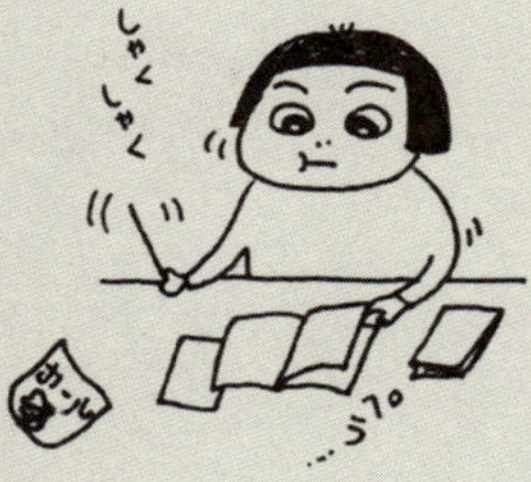
しゃくしゃく
…ぷつ
カール

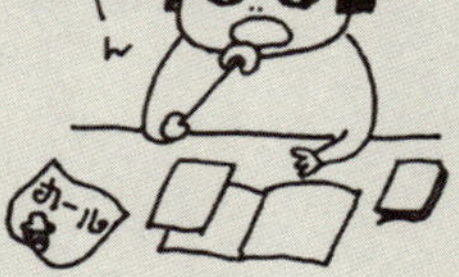
あーーん
カール

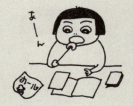